ENTLANG DER WESER

NATUR · KULTUR · STADT · ERLEBNIS
TIPPS UND IDEEN FÜR AUSFLÜGE
UND UNTERNEHMUNGEN

VERLAG JÖRG MITZKAT

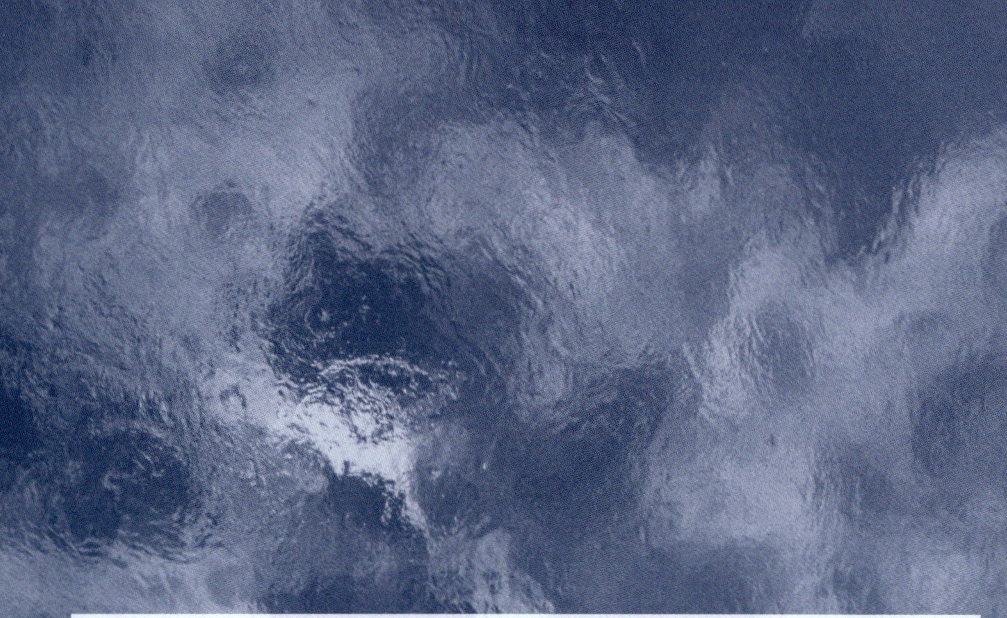

Alle Angaben zu Öffnungszeiten, Adressen oder Preisen sind trotz sorgfältiger Recherche ohne Gewähr. Insbesondere Öffnungszeiten können sich – gerade in Corona-Zeiten – ändern. Wir empfehlen daher, vorab einen Blick auf die jeweilige Webseite zu werfen. [Redaktionsschluss: Juni 2021]

Bibliografische Information der Deutschen Bibliothek
Die Deutsche Nationalbibliothek verzeichnet diese Publikation in der Deutschen Nationalbibliografie, detaillierte bibiografische Daten sind im Internet über http://dnb.d-nb.de abrufbar.

Idee, Konzeption und Text: Jörg Mitzkat
Grafiken: Jörg Mitzkat, Lina Wolff
Fotos: Jörg Mitzkat, Rolf Fischer (124, 125, 137unten, 148 bis 153, 156 bis 175)
Abtei vom Heiligen Kreuz (36), NaTourZentrum Schillathöhle (144),
Wikipedia jcg 2006 (154), Wikipedia Grugerio (155),
iStockphoto (188, 189)
Lektorat: Buchmenue Christian Becker

ISBN: 978-3-95954-099-5

Verlag Jörg Mitzkat, Holzminden 2021
www.mitzkat.de

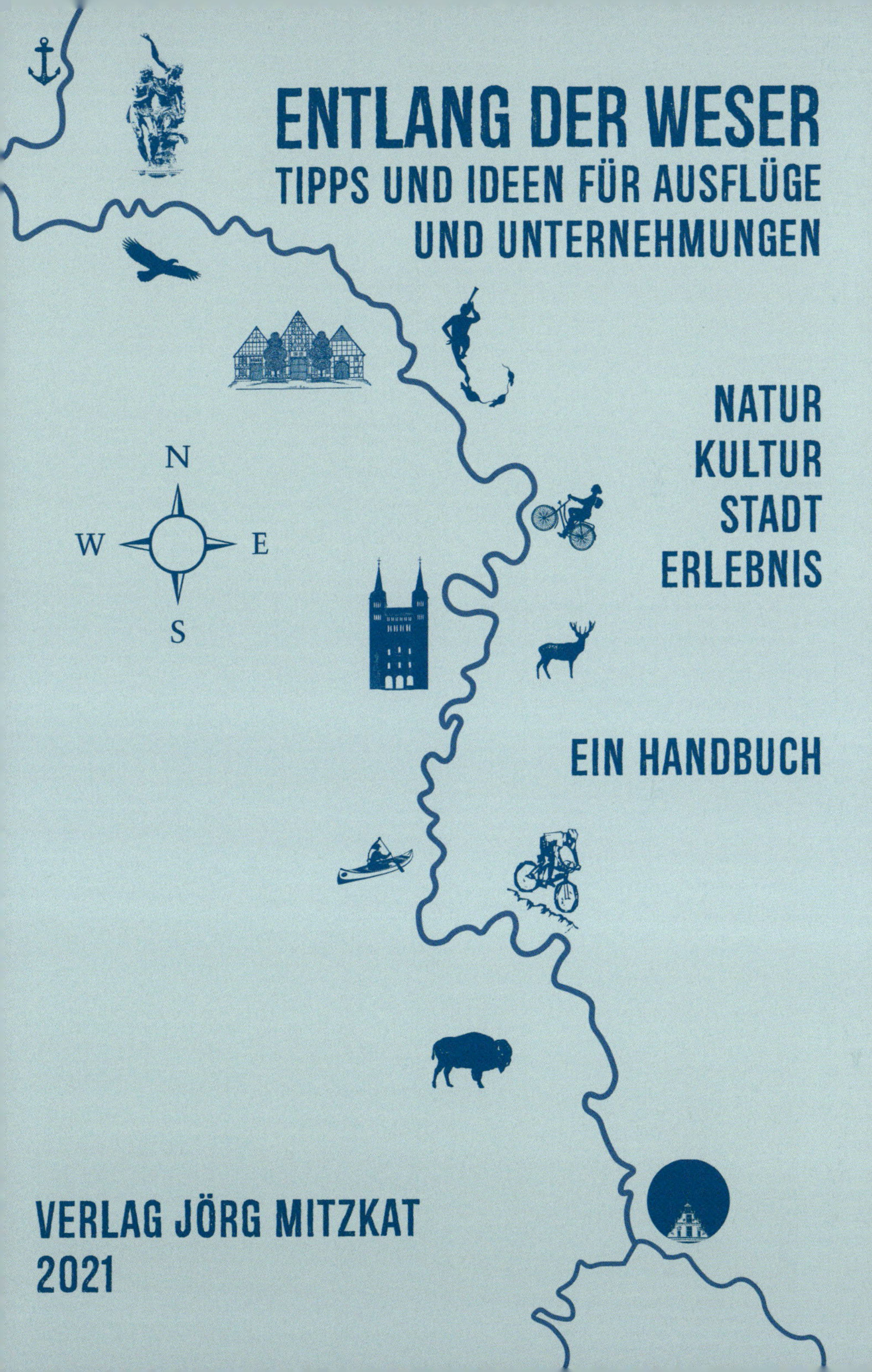

ENTLANG DER WESER

TIPPS UND IDEEN FÜR AUSFLÜGE UND UNTERNEHMUNGEN

NATUR
KULTUR
STADT
ERLEBNIS

EIN HANDBUCH

VERLAG JÖRG MITZKAT
2021

INHALT

ORTE & STÄDTE:

HANN. MÜNDEN 10
HEMELN 14
BURSFELDE 16
SABABURG 18
TRENDELBURG 22
GIESELWERDER 24
LIPPOLDSBERG 26
HELMARSHAUSEN 28
BAD KARLSHAFEN 30
WESER-SKYWALK 34
HERSTELLE 36
BEVERUNGEN & LAUENFÖRDE 38
MEINBREXEN 40
WEHRDEN 42
FÜRSTENBERG 44
HÖXTER 48
CORVEY 52
MARIENMÜNSTER 56
TONENBURG 58
USLAR 60
NIENOVER 62
SCHÖNHAGEN 64
WILDPARK NEUHAUS 66
SILBERBORN 68
HELLENTAL 70
KÖTERBERG 72
HOLZMINDEN 74

BEVERN 78
BURGBERG 80
RÜHLER SCHWEIZ 82
EBERSNACKEN 84
AMELUNGSBORN 86
STADTOLDENDORF 90
HOLZBERG 92
ESCHERSHAUSEN 94
POLLE 96
VON REILEIFZEN BIS RÜHLE 98
OTTENSTEIN 102

Fähre Hemeln–Reinhardshagen

BODENWERDER 104
BUCHHAGEN 108
WESTERBRAK 110
HEHLEN 112
HAJEN 114
BÖRRY 116
GROHNDE 118
BAD PYRMONT 120
SCHWÖBBER 124
HÄMELSCHENBURG 126
OHRBERGPARK 128
BÜCKEBERG 130
HAMELN 132
ITH 138
AM ITHKOPF 140
FISCHBECK 142
SCHILLAT-HÖHLE 144
SCHAUMBURG 146
RINTELN 148
MÖLLENBECK 152
VLOTHO 154
OBERNKIRCHEN 156
JAHRTAUSENDBLICK 158
BÜCKEBURG 160
STADTHAGEN 164
BAD OEYNHAUSEN 166
PORTA WESTFALICA 170
MINDEN 172

AUF EINEN BLICK:

ÜBERSICHTSKARTEN 176
AUSSICHTEN IM WESERBERGLAND 176
MUSEEN IM WESERBERGLAND 178
BURGEN, SCHLÖSSER & KLÖSTER 182
ERLEBNISSE 184
MIT DEM BOOT UNTERWEGS 186
WELLNESS 188

DIE WICHTIGSTEN ADRESSEN IM WEB 190
BUCHTIPPS 191

Porta Westfalica

Stadthagen
HANNOVER
Minden
Bückeburg
Obernkirchen
Bückeberg
Weser-
Gebirge
Porta Westfalica
Bad Oeynhausen
Rinteln
Möllenbeck
Vlotho
Hessisch Oldendorf
Süntel
Fischbeck
Hameln
Coppenbrügge
Schwöbber
Bückeberg
Salzhemmendorf
Aerzen
Hämelschenburg
Ith
LEMGO
Börry
Grohnde
Bodenwerder
ALFELD
Bad Pyrmont
Hehlen
Buchhagen
Westerbrak
Ottensteiner Hochebene
Ottenstein
Vogler
Eschershausen
DETMOLD
Rühle
Polle
Reileifzen
Amelungsborn
Stadtoldendorf
Bevern
Köterberg
Holzminden
Marienmünster
EINBECK
Corvey
Höxter
Solling
Silberborn
Neuhaus im Solling
PADERBORN
Fürstenberg
Wehrden
Meinbrexen
Schönhagen
Beverungen
Lauenförde
Nienover
Uslar
Bodenfelde
Herstelle
Bad Karlshafen
Lippoldsberg
Helmarshausen
Gieselwerder
Trendelburg
Bramwald
Bursfelde
GÖTT
Sababurg
Reinhardswald
HOFGEISMAR
Hemeln
Hann. Münden
KASSEL
N
S

ENTLANG DER WESER

Rausgehen und wirklich etwas erleben – dazu muss man nicht in die Ferne schweifen. Wer seine Umgebung mit offenen Augen erkundet, macht oft überraschende und eindrückliche Entdeckungen – vor allem, wenn es sich bei der Umgebung um eine so vielfältige historische Kulturlandschaft wie das Weserbergland handelt. Dieses Büchlein stellt die wichtigsten Ausflugsziele und Sehenswürdigkeiten entlang der Weser zwischen Hann. Münden und Minden sowie einige Geheimtipps vor und will vor allem Lust darauf machen, Natur und Kultur des Weserberglandes auf eigene Faust zu erkunden.

Wo aber liegt das Weserbergland genau und was zeichnet es aus?

ENTLANG DES FLUSSES

Drei Bundesländer grenzen an die Weser: Hessen, Niedersachsen und Nordrhein-Westfalen: Oft bildet der Lauf der Weser die Grenze, immer wieder erstrecken sich die Ländergrenzen aber auch auf die jeweils andere Flussseite. Noch komplizierter wird es wegen der zahlreichen Kreisgrenzen entlang des Flusses. Aufgrund der vielfältigen politischen und verwaltungsmäßigen Zuständigkeiten gibt es keine definitive Abgrenzung des Weserberglandes. So werden zum Teil noch Gebiete, die weitab der Weser liegen, als Teil des Weserberglandes bezeichnet. Dieser Freizeitführer stellt jedoch nur Orte vor, die nicht weiter als etwa 20 Kilometer vom Flusslauf entfernt liegen, und konzentriert sich auf die wichtigsten Städte und Attraktionen entlang der Weser.

VON HANN. MÜNDEN BIS MINDEN

Während die Breite des Weserberglands also umstritten ist, ist seine Süd-Nord-Ausdehnung klar landschaftlich definiert: von Hann Münden im Süden bis Minden im Norden. Am Weserdurchbruch zwischen Weser- und Wiehengebirge an der Porta Westfalica tritt die Weser in die norddeutsche Tiefebene ein. Nördlich von Minden wird das Land flach. Während die Weser auf den ersten

Paddeln auf der Weser bei Lüchtringen

Blick aus dem Turm der Schaumburg auf das Wesergebirge

200 Flusskilometern zwischen Hann. Münden und Minden etwa 80 Meter Gefälle hat, geht es auf den nächsten 250 Kilometern bis zur Mündung in die Nordsee bei Bremerhaven von Minden aus nur noch 40 Meter bergab.

STARKE STRÖMUNG

Bis Minden wird die Weser als Oberweser bezeichnet. Dieser Flussabschnitt weist eine starke Strömung auf. Diese Strömung ist die Voraussetzung für den Betrieb der zahlreichen Gierseilfähren, mit denen man an verschiedenen Orten den Strom überqueren kann. Dabei werden die Fähren an einem hoch über der Weser verlaufenden Seil entlanggeführt. Der Fährmann muss lediglich die Stellung der Fähre zur Strömung verändern, um mittels des so aufgebauten Wasserdrucks zum anderen Ufer zu gelangen. Auch für Paddel- und Floß-Touren ist die Strömung der Oberweser komfortabel – man kommt auch ohne großen Krafteinsatz gut voran. Stromaufwärts schaffen es allerdings auf längeren Strecken nur motorgetriebene Fahrzeuge. Hier ist man auf den Abholservice der Bootsverleihe angewiesen.

IM DORNRÖSCHENSCHLAF

Aufgrund der starken Strömung war die Schifffahrt auf der Weser stets sehr schwierig. Zu verschiedenen Zeiten gab es zwar immer wieder einen florierenden Warenverkehr, doch war dieser meist nicht nachhaltig und wurde dadurch gebremst, dass das Bergland rechts und links der Weser den Ausbau anderer Verkehrswege und damit

Bild rechts: Blick vom Weinberg bei Rühle auf die Weser

den Umschlag der Waren erschwert hat. Was wirtschaftlich jahrhundertelang von Nachteil war, ist für Naturliebhaber und Ausflügler heute ein besonderer Gewinn: Entlang der Weser gibt es keine größeren Straßen oder Eisenbahnlinien. Vielerorts kann man am Fluss noch Ursprünglichkeit und Ruhe finden sowie die Natur ungestört erleben.

ROMANIK UND RENAISSANCE

Aufgrund der verzögerten und verlangsamten wirtschaftlichen Entwicklung entlang der Weser sind auch zahlreiche Baudenkmäler erhalten geblieben, die andernorts dem Fortschritt weichen mussten. So finden wir hier noch Klöster und Kirchen, die auf die erste Phase der Christianisierung im Mittelalter zurückgehen: Bestes Beispiel ist das romanische Westwerk der Klosterkirche von Corvey, das aus dem 9. Jahrhundert stammt und als Weltkulturerbe anerkannt wurde.

Auch aus der Blütezeit des Weserberglandes in der Renaissance, als die Region vor allem vom Getreidehandel profitiert hat, sind noch wunderschöne Bauten – vor allem prachtvolle Bürgerhäuser in den Innenstädten – erhalten. Diese jahrhundertealten Stein- und Fachwerkhäuser prägen bis heute die Atmosphäre in den Altstädten entlang der Weser. Besonders die Innenstädte von Hann. Münden, Höxter und Hameln sind Anziehungspunkte für Besucher von nah und fern. Aber auch abseits dieser Orte hat das Weserbergland viel Sehens- und vor allem Erlebenswertes zu bieten. Dieser kleine Reiseführer mit seinen umfangreichen Informationen zu Städten und Sehenswürdigkeiten, aber auch Natur, Freizeit- und Kulturangeboten lädt dazu ein, das Weserbergland in all seiner Vielfalt zu Fuß, auf dem Wasser oder auf dem Fahrrad neu und wieder zu entdecken – sei es für einen Tagesausflug, ein Wochenende oder eine ganze Urlaubswoche.

HANN. MÜNDEN

Vieles, was das Weserbergland ausmacht, fließt hier zusammen: Nicht nur Werra und Fulda, auch die reizvolle Lage im Flusstal mit den umgebenden bewaldeten Hügeln, die von Fachwerk geprägte Innenstadt und die Verbindung mit einer Sagengestalt – in all diesen Aspekten steht Hann. Münden beispielhaft für viele andere Städte und Gemeinden, die an der Weser bis Porta Westfalica liegen.

Kasseler Schlagd am Mühlenarm der Fulda

Städtisches Museum
im Welfenschloss
Schloßplatz 5
34346 Hann. Münden
Mi-So 11-16 Uhr
April-Nov: 13-16 Uhr

Schiffstouren auf Fulda und Weser von April bis Oktober

www.hann.muenden.de
www. hann.muenden-erlebnisregion.de

Wenn man von der **Tillyschanze** nach Osten auf Hann. Münden schaut, erkennt man auf einen Blick, warum Alexander von Humboldt Hann. Münden zu den sieben schönst gelegenen Städten auf der Welt zählte: Eingefasst von bewaldeten Bergen drängen sich im Talkessel zwischen Werra und Fulda hunderte von weitgehend gut erhaltenen Fachwerkhäusern, die mit ihren roten Ziegeldächern einen markanten Farbakzent in der Mittelgebirgslandschaft setzen.

BLUTPFINGSTEN

So schön der Ausblick von der Tillyschanze heute ist, so furchtbar ist die Historie dieses Ortes: Nach mehrtägigen Beschuss wurde Münden Ende Mai/Anfang Juni 1626 von den Söldnern des Heerführers Tilly eingenommen und weitgehend zerstört, ein Großteil der Bevölkerung wurde ermordet. Das Ereignis ging als „Blutpfingsten" in die Geschichte ein. Aufgrund der strategisch günstigen Lage konnte Hann. Münden bald wiederaufgebaut werden – die stattlichen Fachwerkhäuser zeugen vom erfolgreichen Wirken der Mündener Kaufleute. Es lohnt sich, durch die Gassen der Stadt zu streifen und die Atmosphäre der Fachwerkstadt auf sich wirken zu lassen.

Aus der umgebenden Fachwerkbebauung ragen vor allem drei steinerne Bauwerke hervor: Die mächtige **St.-Blasius-Kirche** im Zentrum der Altstadt, das nahe gelegene **Rathaus** mit dem eindrucksvollen Renaissance-Portal sowie das **Welfenschloss** am Werra-Ufer. Das Schloss beherbergt heute das **Stadtmuseum**, das interessante Einblicke in die wechselvolle Geschichte der Stadt bietet, die erst im 19. Jahrhundert durch ihre Zugehörigkeit zu Hannover den Namenszusatz „Hannoversch" erhielt.

Blick von der Tillyschanze auf Hannoversch Münden

Der Weserstein am Zusammenfluss von Werra und Fulda

STAPELRECHT

Basis des historischen Reichtums von Münden ist das 1247 verliehene „Stapelrecht". Dieses Recht nötigte alle vorbei reisenden Händler, ihre Waren für drei Tage in Münden anzubieten, sodass sich die Mündener Kaufleute mit den besten Produkten eindecken konnten. Erst 1823 wurde das „Stapelrecht" aufgehoben. Noch heute zeugen die **Bremer, Wanfrieder** und **Kasseler Schlagden** (als *Schlagden* werden im Weserraum stabile Anlegeplätze bezeichnet) an den Ufern von Werra und Fulda mit ihren historischen Pack- und Warenhäusern von dieser jahrhundertelang florierenden Handelstätigkeit.

WESERSTEIN

Ein weiterer Anziehungspunkt für Besucher der Stadt ist der **Weserstein** am Zusammenfluss von Werra und Fulda. Seine Inschrift: „Wo Werra sich und Fulda küssen / Sie ihre Namen büssen müssen / Und hier entsteht durch diesen Kuss / Deutsch bis zum Meer der Weser Fluss" verweist auf den Geist der wilhelminischen Zeit, in der er 1899 aufgestellt wurde. Unweit dieses Steins wurde im Jahr 2000 ein neuer Weserstein errichtet, dessen Text ironischen Bezug auf den Verlust der Namen von Werra und Fulda nimmt.

Sprachforscher gehen übrigens davon aus, dass Werra und Weser identisch sind, allerdings hätten sich im Laufe der Geschichte Schreibweise und Aussprache des Flusses im Unter- und Oberlauf unterschiedlich entwickelt. Demnach wäre die Fulda lediglich ein Zufluss der Weser.

Wie auch immer – die drei Flüsse bieten

DR. EISENBART

1727 starb Doktor Eisenbart im Gasthaus „Zum Wilden Mann“ in Hann. Münden. Johann Andreas Eisenbarth hat nie den Doktor-Grad erlangt, erreichte durch seine Heilkünste und chirurgischen Erfolge um 1700 jedoch einen hohen Bekanntheitsgrad. 1717 wurde er nach einer komplizierten Operation zum preußischen Hofrat und Hof-Augenarzt ernannt.

Durch Schlaganfälle und seine Gichterkrankung häuften sich zu seinem Lebensende ärztliche Fehler. Schließlich starb er in Hann. Münden und wurde hier auch beigesetzt. Die Stadt Hann. Münden bewahrt ihm ein ehrendes Andenken. Unterhalb seiner Statue am Standort des Sterbehauses steht zu lesen: „Er war anders als sein Ruf“.

Die mittelalterliche Werrabrücke vor dem Welfenschloss

Stoff für zahlreiche Geschichten und einen einmaligen Anblick, den man auch von einem nördlich gelegenen Höhenzug genießen kann: Von der **Weserliedanlage**, die zu Ehren Franz von Dingelstedts und Gustav Pressels (Dichter und Komponist des Weserliedes) errichtet wurde, blickt man genau auf den Zusammenfluss von Werra und Fulda vor dem sogenannten **Tanzwerder**.

Blick in die zu einem Café umfunktionierte Aegidienkirche

HEMELN

Wer die Weser auf einer der noch recht zahlreichen Gierseilfähren – wie hier zwischen Reinhardshagen und Hemeln – überquert, dem bietet sich ein faszinierender und vom Glucksen des Wassers untermalter Anblick der Landschaft aus der Perspektive des Flusses.
Nach überstandener Fährfahrt wartet auf der Hemelner Seite ein Gasthaus mit großem Biergarten auf die Ausflügler.

BURSFELDE

Abseits von größeren Orten scheint das Kloster Bursfelde inmitten des Wesertals der Zeit entrückt zu sein. Die Mönche haben das im Jahre 1093 gegründete Kloster zwar längst verlassen, aber die Klosteranlage bildet noch heute ein geistliches Zentrum und lädt zur inneren Einkehr ein. Neben der überaus schönen Lage ist die „doppelte" Klosterkirche ein Kleinod für Kunst- und Architekturliebhaber.

Blick in die Ostkirche der Klosterkirche Bursfelde

www.kloster-bursfelde.de
www.loccum-volkenroda.de
www.naturpark-muenden.de

Mönche leben schon lange nicht mehr im **Kloster Bursfelde**. Aber der klösterliche Gedanke der geistlichen Einkehr in weltlicher Abgeschiedenheit wird in Bursfelde lebendig gehalten. Das Geistliche Zentrum Bursfelde bietet dazu ein umfangreiches Programm an, unter anderem das „Kloster auf Zeit". Wer auf dem **Pilgerweg Loccum-Volkenroda** unterwegs ist, findet in Bursfelde auch eine Pilgerherberge.

An einer wenig befahrenen Straße am östlichen Weserufer gelegen, strahlt Bursfelde mit seiner romanischen Klosterkirche Abgeschiedenheit und die Einladung zur inneren Einkehr aus. Die prägnanten Doppeltürme wurden allerdings erst um 1900 errichtet. Das Wesertal verengt sich an dieser Stelle und vermittelt einen ursprünglichen Eindruck. In Bursfelde mündet die Nieme in die Weser, ihr Tal zieht sich von Bursfelde in den **Bramwald** hinauf und ist als reizvolle „Kulturlandschaft Niemetal" mit seinen extensiv genutzten Weiden innerhalb des umgebenden Waldgebietes von landesweiter Bedeutung.

Aber es ist nicht nur die Lage, die dieses Kloster zu einem besonderen Ort macht: Die Architektur der Klosterkirche mit ihrer Unterteilung in **Ost- und Westkirche** ist im Weserbergland einzigartig, und schließlich ist mit diesem Kloster der Begriff der „Bursfelder Kongregation" verbunden – hier nahm zu Beginn des 15. Jahrhunderts eine europaweite Reformbewegung ihren Ausgang, die zu einer Rückbesinnung auf die alten Ideale des monastischen Lebens aufrief.

Oben: Das Kloster vom gegenüberliegenden Weserufer; unten: Kloster Bursfelde im Wesertal

SABABURG

Mit den von einem alten Rosenstock umrankten Mauern und dem nahen Urwald wird die Sababurg ihrem Ruf als Dornröschenschloss mehr als gerecht. Hier fällt es leicht, von der Welt der Märchen zu träumen. Unter dem Schloss erstreckt sich ein Jahrhunderte alter Tierpark, der an sich schon eine Sehenswürdigkeit darstellt, aber dank seiner Tiere auch für Kinder attraktiv ist.

Der Tierpark Sababurg
ist ganzjährig geöffnet
Tel. 05671-7664990
www.tierpark-sababurg.de

www.naturpark-reinhardswald.de
www.grimmheimat.de
www.erlebnis-sababurg.de
www.deutsche-maerchenstrasse.com

Alleenkreuz im Tierpark Sababurg

Geradezu märchenhaft erheben sich die mit barocken Dächern gekrönten Türme der Sababurg über der Landschaft des **Reinhardswaldes**, der rings um die Burg von Wiesen und Feldern durchzogen ist. Die Sababurg trägt den Beinamen „**Dornröschenschloss**" – eine mächtige Kletterrose am Burgturm sowie zahlreiche Rosen und Skulpturen im sehenswerten Burggarten nehmen Bezug auf dieses Märchen der Brüder Grimm. Wenn man die Burg abseits der beliebten Ausflugszeiten besucht und allein in der Ruine des ehemaligen Pallas umherstreift, kann man sich leicht vorstellen, dass Dornröschen hier ihren langen ungestörten Schlaf verbrachte.

Darüber hinaus bietet die Sababurg einen wunderbaren Blick auf die umgebende Landschaft und den nahe gelegenen **Tierpark**. Dieser Tierpark Sababurg ist der älteste, bis heute in seinem ursprünglichen Areal erhaltene Tiergarten Deutschlands. Landgraf Wilhelm IV. hat bereits 1571 begonnen, den Tiergarten am Fuße seines Jagdschlosses einzurichten. Die Mauer

Das ehemalige Pallas der Sababurg

und die Teiche stammen noch aus der Entstehungszeit des Tierparks. Die Gliederung des Parks mit schnurgeraden Alleen, die auf ein Rondell zuführen, entstand im ausgehenden 17. Jahrhundert.

Heute beherbergt der Tierpark vorwiegend einheimische Tiere, aber auch Wisente, Rentiere, Elche und Vielfraße. Kinder haben viel Spaß in der begehbaren Wellensittich-Voliere oder an den Pinguinen, die man durch ein Sichtfenster auch unter Wasser beobachten kann. Ansonsten sollte man

Die Türme der Sababurg

Flugvorführung im Tierpark

sich für einen Besuch des Tierparks mit gutem Schuhwerk ausrüsten, denn die Wege sind lang. Aber gerade im Sommer ist es ein Vergnügen, durch die schattig kühlen Eichenalleen beispielsweise bis zur „Kaffee-Stuga" an der Elch-Lodge am anderen Ende des Parks zu wandern.

Ein Höhepunkt im Veranstaltungsprogramm des Tierparks sind die **Greifvogel-Flugvorführungen**. Bei Sonnenschein finden die majestätischen Adler, Bussarde und Geier am Hang der Sababurg gute thermische Bedingungen vor.

Ein weiteres Ausflugsziel ist der nahe gelegene **Urwald Sababurg**. Dieser Waldbezirk inmitten des Naturparks Reinhardswald beherbergt zahlreiche eindrucksvolle Baumriesen – Eichen und Buchen, die allesamt als Naturdenkmale anerkannt sind. Hervorgegangen ist das Areal aus einem ehemaligen Hutewald. Hutewälder sind Wälder, in die früher das Vieh getrieben wurde – außer einzelnen Eichen, die wegen der Eichelmast geschont wurden, wurde der Unterwuchs meist kopmplett abgeweidet. da dieser Hutewald seit langer Zeit nicht mehr bewirtschaftet wird, ist zwischen den alten Eichen neuer Wald emporgewachsen. Beim Durchstreifen kann man sich von den mächtigen Baumriesen faszinieren lassen. Aber allein der Abwechslungsreichtum des Waldes mit dichtem Unterholz und seinen lichtdurchfluteten Stellen regt die Fantasie an.

Der Urwald Sababurg liegt nahe der Straße von der Sababurg Richtung Hofgeismar. Von einem Parkplatz ist er schnell erreichbar und über ausgebaute Pfade gut erschlossen.

TRENDELBURG

Trendelburg liegt nicht unmittelbar an der Weser, ist aber über die Diemel mit dem Fluss verbunden. Im Gegensatz zur Sababurg, die mitten im Wald liegt, ist die Trendelburg von der gleichnamigen Siedlung umgeben. Das von Fachwerk geprägte Dorf und die romantische Burg sind ein sehenswertes Ausflugsziel.

Die Burganlage ist zugänglich. Eintrittskarten für die Besteigung des Bergfriedes gibt es an der Hotelrezeption.
www.burg-hotel-trendelburg.com
www.trendelburg.de
www.naturpark-reinhardswald.de
www.grimmheimat.de
www.deutsche-maerchenstrasse.com

„Rapunzelturm" der Trendelburg

Rapunzel, lass Dein Haar herunter – diese Aufforderung hat die Märchenfigur Rapunzel in der Trendelburg wörtlich genommen und ihren Zopf hinabgelassen - nun hängt er am Burgturm, aber bisher hat sich offenbar noch kein Prinz gefunden, um hinaufzuklettern. Das Erklimmen des Turmes funktioniert allerdings auch von Innen. Und es lohnt sich, denn vom Turm aus bietet sich ein schöner **Blick über das Diemeltal** und vor allem auf die anbei gelegene kleine Ortschaft Trendelburg, die einen idyllischen Anblick darstellt.

Die im 13. Jahrhundert entstandene Burg wurde 1676 von Landgraf Carl von Hessen zu einem Jagdschloss umgebaut und dient heute als Hotel. Wer eine romantisch-märchenhafte Unterkunft sucht, ist hier am richtigen Ort.

Fahrradfahrern bietet sich nahe Trendelburg ein besonderes Erlebnis: Der **Carlsbahntunnel** bei der Ortschaft Deisel ist ein stillgelegter denkmalgeschützter 200 Meter langer Eisenbahntunnel, der im Sommer auf einem Radweg durchquert werden kann. Im Winter dient der Tunnel als Fledermausquartier.

Oben: Blick auf das Dorf Trendelburg; unten: Die Trendelburg von Süden

GIESELWERDER

Gieselwerder verbindet den Reinhardswald, der westlich des Ortes steil ansteigt, mit dem Solling, den man auf der anderen Weserseite über Lippoldsberg und Bodenfelde schnell erreicht. Die Geschichte des Ortes ist von der Schifffahrt auf der Weser geprägt.
Außerdem beherbergt Gieselwerder das Weberei-Museum Kircher mit Exponaten zur Geschichte der Handweberei.

www.oberweser.gemeinde-wesertal.de
www.deutsche-maerchenstrasse.com
www.solling-vogler-region.de
www.eco-pfade.de
www.muehlenplatz-gieselwerder.de
www.weberei-museum-kircher.de

Rathaus Gieselwerder auf dem Gelände der einstigen Burg

Der **Schneewittchenstein** des Bildhauers Wienhold Gernemann an der ehemaligen Burg Gieselwerder verweist auf die Verbundenheit des Ortes mit dem Märchen von Schneewittchen. Zahlreiche Orte entlang der Deutschen Märchenstraße haben eine Patenschaft zu einem der bekannten deutschen Märchen gewählt.

Im Ort erinnert ein **Schiffermuseum** an die große Zeit des Lastentransports auf dem Fluss – zum Beispiel wurde Holz aus dem Solling und dem Reinhardswald von Gieselwerder aus stromabwärts geflößt.

Am **Mühlenplatz** am westlichen Ortsrand von Gieselwerder befindet sich eine Freiluftausstellung mit zahlreichen Miniaturmodellen. Die Ausstellung entwickelte sich 1969 aus einem Hobby heraus. Auf 3000 Quadratmetern Fläche werden inzwischen zahlreiche historische Gebäude im Maßstab 1:25 und 1:40 präsentiert, besonders eindrucksvoll sind die detailgenauen Miniaturen von Burgen und Schlossanlagen.

Schneewittchenstein

Weserufer von Gieselwerder

LIPPOLDSBERG

Die Ortschaft Lippoldsberg geht auf die Gründung eines Benedektinerinnen-Klosters im 11. Jahrhundert an einer Weserfurt zurück.
Im Dorf rings um die Klosteranlage findet man noch zahlreiche gut erhaltene Fachwerkhäuser.
Im nahe gelegenen Schäferhaus wurde ein kleines Museum über das Alltagsleben früherer Zeiten eingerichtet.

Die Klosterkirche ist täglich 9-18 Uhr, das Besucherzentrum Do, Fr, Sa 14-17 Uhr geöffnet.

Museum und Werkstatt im Schäferhaus,
Schäferhof 22
34399 Wesertal-Lippoldsberg
Tel.: 05572/1534

www.klosterkirche.de
www.wahlsburg.gemeinde-wesertal.de

Klosterkirche Lippoldsberg

Die 1150 entstandene **Klosterkirche Lippoldsberg** ist architektonisch ziemlich unverändert erhalten geblieben. Zusammen mit den Gebäuden des Klosterhofs bildet die schlichte, romanische Kirche eine sehenswerte Anlage.

Mit dem **Klosterhof Lippoldsberg** ist ein unrühmliches Kapitel deutscher Geschichte verbunden, denn der aus Lippoldsberg stammende Schriftsteller Hans Grimm, dessen Romantitel „Volk ohne Raum“ zum Motto der nationalsozialistischen Expansions- und Vernichtungspolitik wurde, veranstaltete hier noch bis zu seinem Tod 1959 die „Lippoldsberger Dichtertage“. Dort trafen sich zahlreiche Anhänger rechtsextremistischen Gedankengutes. Kritiker sehen in den „Lippoldsberger Dichtertagen“ einen Geburtsort für den Neonazismus in der Bundesrepublik.

Im nahe gelegenen **Museum im Schäferhaus** wird der Alltag der Dorfbevölkerung in früheren Jahrhunderten dargestellt.

Oben: Innenansicht der Klosterkirche; unten: Klosterkirche von Westen

HELMARSHAUSEN

Vom Bergfried der Krukenburg bei Helmarshausen schaut man auf das Diemeltal und einen Ort, der im wahrsten Sinne des Wortes Geschichte geschrieben hat: In Helmarshausen fertigte der Mönch Herimann vor etwa 950 Jahren das kostbare Evangeliar für Heinrich den Löwen.

Krukenburg
Mo-So 10-18 Uh
r
Museum Helmarshausen
April bis Oktober
Di 10-12 Uhr
Sa, So und an Feiertagen 15-17 Uhr

www.heimatverein-helmarshausen.de
www.grimmheimat.de

Burgruine der Krukenburg

Von der **Krukenburg** bei Helmarshausen stehen nur noch die Ruinen starker Mauern und der mächtige Bergfried. Trotzdem ist die gesamte Anlage mit den Resten der Johanniskapelle, einer Nachbildung der Jerusalemer Heilig-Grab-Kirche, im Mittelpunkt noch sehr eindruckvoll. Vom Bergfried hat man einen schönen Ausblick auf das Diemeltal und den Ort Helmarshausen am Fuße des Berges.

Von der ursprünglichen **Klosteranlage Helmarshausen** sind nur noch Grundrisse erkennbar. Aber eine Bronzeskulptur erinnert an eine höchst bedeutsame Epoche in der Geschichte des Klosters: Der Helmarshausener Mönch Herimann fertigte hier um 1180 das Evangeliar Heinrichs des Löwen – eines der bedeutendsten Werke der Buchkunst. An diese Epoche erinnert eine eindrucksvolle Bronzeskulptur in der ehemaligen Klosteranlage.

Skulptur in Erinnerung an Mönch Herimann

Blick von der Krukenburg auf Helmarshausen im Diemeltal

BAD KARLSHAFEN

Karlshafen mit seinen leuchtend weißen, geometrisch angeordneten Häusern ist als Barockstadt eine Besonderheit im Weserbergland, denn alle anderen Städte weisen hier einen mittelalterlichen Grundriss auf.
Dank der aus 1000 Meter Tiefe hervorquellenden Sole hat sich die einstige Handelsstadt zu einem Heilbadeort mit Wellnessangebot entwickelt.

Deutsches Hugenottenmuseum
März bis Oktober
Di-Fr 10-17,
Sa, So und an Feiertagen 11-18 Uhr

Rundfahrten auf dem
Weserdampfer „Hessen"

www.bad-karlshafen.de
www.hugenottenmuseum.de
www.wesertherme.de
www.grimmheimat.de

Blick vom Hugenottenturm auf die Stadt

Um sich einen Überblick zu verschaffen und auch die Besonderheit Karlshafens zu erkennen, empfiehlt sich der Aufstieg zum **Hugenottenturm**. Der Turm befindet sich am Berg oberhalb der Diemelmündung westlich vom Stadtkern. Wer den etwa halbstündigen Aufstieg nicht scheut, bekommt einen hervorragenden Überblick auf die planmäßig angelegte Barockstadt. Mit ihrem geometrischen Aufbau unterscheidet sich Karlshafen grundsätzlich von allen anderen Städten des Weserberglandes, die meist im Mittelalter gegründet wurden und deren Straßenverlauf von der umgebenden Stadtmauer bestimmt wurde. Auch die einheitlich weiß verputzten Häuser geben der Kleinstadt ihren ganz eigenen Charakter und regen zu einem kleinen Spaziergang durch die Straßen der Stadt an.

Historisches Pegelhäuschen, rechts am Weserufer liegt das Ausflugsboot „Hessen", mit dem von Karlshafen aus Rundfahrten auf der Weser möglich sind.

Landgraf-Carl-Denkmal am Hafen

Landgraf Carl von Hessen-Kassel legte Karlshafen 1699 nach dem Vorbild der Kasseler Oberstadt im Geist des Barocks an, um französische Glaubensflüchtlinge aufzunehmen. Die herabwürdigend als Hugenotten bezeichneten Protestanten fanden in Nordhessen eine sichere Bleibe. Ihre Geschichte wird im **Deutschen Hugenottenmuseum** in einer ehemaligen Zigarrenfabrik im Stadtzentrum ausführlich dargestellt. Die Häuser und Straßen Karlshafens gruppieren sich um ein großes **Hafenbecken**, das angelegt wurde, weil man die Stadt durch einen Kanal nach Kassel zu einer Handelsstadt ausbauen wollte. Doch das 1713 begonnene ehrgeizige Projekt scheiterte an unüberwindbaren technischen und finanziellen Hindernissen. Ein Relikt des Projektes ist der Beginn des Kanals, der von der südlichen Ecke des Hafenbeckens in Richtung Diemel und entlang des kleinen Flusses bis nach Helmarshausen führt. Vor einigen Jahren wurde die Hafenschleuse zur Weser erneut in Betrieb genommen, sodass

der Hafen nun wieder mit der Weser verbunden ist und für kleinere Yachten, Sportboote und Kanus zur Verfügung steht.
Die ursprüngliche Handelsstadt wurde bald zu einer Produktionsstätte von Salz, das ab dem 18. Jahrhundert aus einer reichen Solequelle gewonnen wurde. 1838 wurde im Ort das erste Badehaus erbaut, sodass sich Karlshafen nach dem Ende der Salzproduktion durch die heilende Wirkung der Sole zu einer Badestadt entwickeln konnte. 1955 wurde die Stadt als **Sole-Heilbad** anerkannt und in Bad Karlshafen umbenannt. In der **Weser-Therme** kann man sich heute von dem aus 1100 Meter Tiefe gewonnenen warmen Solewasser tragen lassen.

Blick von Bad Karlshafen über die Weser in Richtung der Hannoverschen Klippen

Hugenotten

Hugenotten ist die seit Mitte des 16. Jahrhunderts gebräuchliche Bezeichnung für Protestanten in Frankreich. Ihr Glaube war der Calvinismus. Vom katholischen Klerus wurden die Hugenotten verfolgt. In der zweiten Hälfte des 16. Jahrhunderts kam es zu den „Hugenottenkriegen", in deren Folge der Hugenotte Heinrich von Navarra 1589 den Thron Frankreichs bestieg. Nach einer längeren Phase des Friedens verschärfte sich die Situation jedoch erneut, insbesondere in der zweiten Hälfte des 17. Jahrhunderts wurden die Hugenotten unter Ludwig XIV. wieder stärker verfolgt. Diese Verfolgungen erreichten 1685 einen Höhepunkt: 250 000 Protestanten flohen aus Frankreich und verteilten sich auf ganz Europa und sogar Amerika. Da die Hugenotten meist gebildet waren und zu den führenden Schichten zählten, wurden sie von den protestantischen Herrschern Europas bereitwillig aufgenommen. Der hessische Landgraf Carl nahm etwa 7500 Hugenotten auf. Aus diesem Anlass wurde Karlshafen 1699 als Handels- und Manufakturstadt gegründet. Die Bedeutung der Stadt sollte durch den Bau eines Kanals über die Diemel nach Kassel gefördert werden, denn der Kanal hätte die hannoversche Zollstadt Hann. Münden umgangen. Das Projekt war allerdings zu ehrgeizig und musste eingestellt werden.
Neben den Hugenotten nahm Landgraf Carl von Kassel auch andere Glaubensflüchtlinge, die Waldenser auf. Zur Ansiedlung dieser Flüchtlinge wurden die Dörfer Gottstreu und Gewissensruh einige Kilometer weseraufwärts von Karlshafen gegründet.

Vom Hugenotten-Turm hat man einen hervorragenden Überblick auf die Stadtanlage Karlshafens und das Wesertal.

Das Hugenotten-Museum wurde in einer ehemaligen Tabak- und Zigarrenfabrik eingerichtet.

Das Hafenbecken von Bad Karlshafen mit Blick auf das Carl-Denkmal, dahinter befindet sich das Hugenotten-Museum.

WESER-SKYWALK

Die Weser ist ein Grenzfluss: Zwischen Hann. Münden und Bad Karlshafen bildet sie meist die Landesgrenze zwischen Hessen und Niedersachsen, nördlich davon zwischen Nordrhein-Westfalen und Niedersachsen. Doch am Brüggefeld nahe der hessischen Stadt Karlshafen ist die Lage kompliziert. Hier befindet sich das Dreiländereck am östlichen Weserufer. Ausgerechnet die Hannoverschen Klippen gehören zum nordrheinwestfälischen Naturpark Teutoburger Wald-Eggegebirge.

Jahrhundertealte Eiche im Brüggefeld

Der Weser-Skywalk ist jederzeit frei zugänglich.

www.hoexter-tourismus.de
www.teutoburgerwald.de

Einen einzigartigen Ausblick bietet der **Weser-Skywalk** über den Hannoverschen Klippen. Der Skywalk ragt fast senkrecht über die Weser und man bekommt das Gefühl, über dem Fluss zu schweben. Die rotgefärbten Klippen aus Sollingsandstein befinden sich auf nordrhein-westfälischem Gebiet. Am Parkplatz an der kleinen Waldstraße, die sich von Karlshafen aus den Berg hinauf schlängelt, liegt das Dreiländereck – hier trifft der nördlichste Zipfel Hessens auf einen der östlichsten Punkte Nordrhein-Westfalens und Niedersachsen, dessen westliche Landesgrenze in dieser Region meist von der Weser gebildet wird. Vom Parkplatz ist es nur ein kurzer Fußweg bis zum Skywalk. Auf der anderen Seite des Parkplatzes liegt ein Sollingsandsteinbruch, dessen Randbereich durch eine der Lebensraum-Routen des Naturparks Solling-Vogler erschlossen ist. Hier wird erläutert, wie der Abbau des Sollingsandsteins neue Lebensräume für teilweise bedrohte Tier- und Pflanzenarten schafft.

Auf dem Weser-Skywalk steht man fast senkrecht über dem Fluss.

In aufgelassenen Steinbrüchen finden viele seltene Tiere neue Lebensräume.

Wenn man die Straße ein Stück weiter in den Solling hinein fährt, gelangt man zu der kleinen Siedlung **Brüggefeld**. Von hier aus startet ein kleiner Rundweg, der durch einen urtümlichen Wald führt, in dem sich die Reste von im Mittelalter wüst gefallenen Dörfern befinden. So wurde die Wüstung **Schmeessen** archäologisch erforscht und einige Grundmauern durch die Anhäufung von Bruchsteinen im Gelände wieder sichtbar gemacht.

HERSTELLE

Die Geschichte des Dorfes Herstelle geht auf Karl den Großen zurück, der hier 797 sein Winterlager errichtete.
Heute thront immer noch eine Burg über der Weser, und das benachbarte Benedektinerinnenkloster zeugt von der letztendlich erfolgreichen Christianisierung Europas.

Klosterladen Herstelle
Carolus-Magnus-Str. 9
37688 Beverungen
Tel. :05273 / 804-136

www.burg-herstelle.de
www.kulturland.org/Klosterregion
www.beverungen.de
www.abtei-herstelle.de
www.klosterlandschaft-owl.de
www.papageien-im-dreilaendereck.de

Krypta in der Klosterkirche

In Herstelle gibt es noch echtes klösterliches Leben: In der **Benedektinerinnen-Abtei vom Heiligen Kreuz** leben und arbeiten Nonnen nach den traditionellen klösterlichen Regeln. Wer daran zeitweise partizipieren möchte, kann sich im Gästehaus der Abtei einmieten und beim „Kloster auf Zeit" innere Einkehr und Ruhe finden. Im Klosterladen bieten die Nonnen selbst hergestellte kunsthandwerkliche Produkte sowie Waren aus der Region an.
Die ursprünglich von Franziskanern zu Beginn des 19. Jahrhunderts errichteten Klostergebäude sind zwar eindrucksvoll, vom Wesertal aus aber nur von wenigen Stellen zu sehen. Deutlich präsenter ist die **Burg Herstelle**, die nach langen Jahren in Privatbesitz nun ein Forum für Kunst- und Kultur-Veranstaltungen bietet und außerdem als Außenstelle des Standesamts Beverungen fungiert. Die 1832 errichtete Burg steht in einer langen Tradition, denn Karl der Große hat an diesem Ort um 800 nach Christus die erste fränkische Burg an der Weser errichten lassen. Karl benannte die Stelle „Heristal Saxonicum". Damit wollte er möglicherweise die künftige Hauptstadtfunktion Heristals mit Bischofssitz für Sachsen ankündigen. Der Lauf der Geschichte war dann anders. Heute erinnert der „**Karlstein**" an die Anwesenheit des großen Herrschers.
Das Hofcafé „Erlenhof" mit angegliederten Hofladen hat sich zu einem beliebten Ausflugsziel entwickelt. Der „Erlenhof" befindet sich in der Feldmark wenige hundert Meter südwestlich des Ortes oberhalb des Wesertals. Ganz in der Nähe befindet sich der Papageienhof Herstelle.

Blick vom östlichen Weserufer bei Würgassen auf Herstelle

BEVERUNGEN & LAUENFÖRDE

Beverungen und Lauenförde bieten ein gutes Beispiel dafür, dass gemeinschaftliches Leben auch über Grenzen hinweg funktionieren kann – beide Orte werden nicht nur durch die Weser, sondern auch durch die Landesgrenze zwischen Nordrhein-Westfalen und Niedersachsen getrennt – trotzdem bildet der gemeinsame Karnevalsumzug über die Weserbrücke jedes Jahr einen Höhepunkt im Festkalender.

Korbmacher-Museum Dalhausen
April bis Oktober
Di-Fr 14-17 Uhr
Sa, So und an Feiertagen
10-12.30 und 14-17 Uhr

Kragstuhlmuseum Lauenförde
März bis Dezember
Fr 10–12 Uhr und 14–17 Uhr
und Sa 10–14 Uhr geöffnet
von Mitte Januar bis Februar
nur Sa 10–14 Uhr

www.korbmacher-museum.de
www.tecta.de/kragstuhlmuseum
www.beverungen.de

Das Tecta-Kragstuhlmuseum

An einem Fluss zu sitzen und das Wasser vorbeiströmen zu sehen, Wasservögel und Boote zu beobachten, regt die Gedanken an, die alltäglichen Kreise zu verlassen und neue Wege zu erkunden. Das ist die Basis für gelingende Entspannung. Viele Orte im Weserbergland haben erst in den letzten Jahren den Wert der Lage am Fluss erkannt. Zwar gibt es die Gefahr von Hochwasser und die Überquerung des Flusses ist nur über Brücken und mit Fähren möglich, aber das Flussufer als Ort der Ruhe, Entspannung und Kraft erleben zu können, wiegt die Nachteile schnell auf.

So hat auch Beverungen die Gestaltung des **Weserufers** in Angriff genommen. Mit attraktiven Sitz- und Spielgelegenheiten im Bereich des Dampferanlegers sowie Stegen und flachen Uferbereichen werden die Menschen eingeladen, dem Fluss wieder näher zu kommen.

Es gibt allerdings Zeiten, zu denen in Beverungen Ruhe nicht gefragt ist, denn gemeinsam mit Lauenförde am östlichen Weserufer bildet Beverungen die Metropole des Karnevals im Weserbergland. An den närrischen Tagen herrscht hier rheinischer Frohsinn und am Rosenmontag zieht ein Festumzug mit zahlreichen karnevalistischen Themenwagen über die Weserbrücke. Darüberhinaus bietet die Kulturgemeinschaft Beverungen hochkarätige Theater- und Konzertveranstaltungen in der Stadthalle, und das „**Orange Blossom Festival**" zu Pfingsten hat sich zu einem der beliebtesten kleinen Musik-Festivals in Deutschland entwickelt.

Ein weiteres kulturelles Highlight stellt das **Tecta Kragstuhlmuseum** in Lauenförde dar. Es ist das weltweit einzige Museum, das sich der Entwicklung des hinterbeinlosen Stuhls, des Kragstuhls, von der starren Konstruktion bis zum federnden Freischwinger, widmet.

Das **Korbmacher-Museum** im wenige Kilometer entfernten Dalhausen auf der westlichen Weserseite verbindet Informationen zum traditionellen Flechthandwerk mit interessanten Sonderausstellungen.

Blick vom Lauenförder Ufer auf Beverungen mit Burg (links) und Kirche (rechts)

MEINBREXEN

Von Mai bis Juli sind die Botschafter Meinbrexens rot und überall in der Region zu finden: Das Rittergut Meinbrexen hat sich auf den Anbau und den Direktvertrieb von Erdbeeren spezialisiert und bietet diese täglich frisch in erdbeerfarbenen Verkaufsständen in einem Umkreis von 50 Kilometern an.
Wer sich mehr für Kultur und Geschichte als für frische Früchte interessiert, sollte an einer der Führungen durch den Freimaurergarten des Rittergutes Meinbrexen teilnehmen.

Das Gutshaus von der Hofseite

www.rittergut-meinbrexen.de

Das barocke Herrenhaus des Rittergutes Meinbrexen wurde 1699 erbaut. Es bildet den Mittelpunkt einer sehenswerten ländlichen Gutsanlage, die sich seit Jahrhunderten im Besitz der Familie von Mansberg befindet. Vor dem Haus erstreckt sich der von Scheunen und Betriebsgebäuden gesäumte Wirtschaftshof. Das Gut ist in jüngster Zeit vor allem durch den Erdbeeranbau bekannt geworden. Von Mai bis August sind Erdbeer-Verkaufsstände des Rittergutes überall in der Region zu finden. Durch die Verwendung unterschiedlicher Sorten gelingt es dem Betrieb, über diesen langen Zeitraum frische und aromatische Früchte anzubieten.

Hinter dem Herrenhaus des Rittergutes erstreckt sich eine historische Parkanlage. Mitte des 18. Jahrhunderts wurde diese Anlage von zwei Mitgliedern der Familie, die in London aufgewachsen sind, zu einem **Freimaurergarten** umgestaltet. Die beiden Brüder Johann-Friedrich und Adam-Christoph von Mansberg ließen sich von den Ideen der Aufklärung begeistern und versuchten, diese Gedankenwelt symbolisch in die Gartengestaltung einfließen zu lassen. Im Rahmen von regelmäßigen Führungen gewinnt man Einblick in diese Art der philosophisch motivierten Gartengestaltung.

Der Gutspark Meinbrexen wird von einer Sandsteinmauer umschlossen.

Die Elemente im Freimaurergarten des Rittergutes haben symbolische Bedeutungen. So ist der Turm als ein Symbol der Stärke zu sehen.

WEHRDEN

Radfahrer und Wanderer können zwischen dem Eulenkrug am östlichen Weserufer und Wehrden auf der anderen Seite mit einer kleinen Personen-Gierseilfähre die Weser überqueren. So lasssen sich auf kurzer Strecke gleich drei bemerkenswerte Schlösser bzw. Gutshäuser besuchen: Meinbrexen, Fürstenberg und das Schloss Wehrden.

www.beverungen.de
www.schloss-wehrden.de
www.kulturland.org

Der Drosteturm im Schlosspark Wehrden war einer der Lieblingsplätze der Dichterin Annette von Droste-Hülshoff.

Annette von Droste Hülshoff, die Dichterin der „Judenbuche", war oft in Wehrden bei ihrer Tante zu Gast. In einem kleinen Wohnturm im **Schlosspark** fand sie einen Ort der Ruhe für ihr schriftstellerisches Schaffen. Mit seinen mächtigen Bäumen und einer eindrucksvollen Süntelbuche ist dieser Schlosspark allemal einen Besuch wert. Der zur Weser hin gelegene neuere Teil des Parkes ist für die Öffentlichkeit frei zugänglich und bietet zwischen den mächtigen Bäumen hindurch auch interessante Sichtachsen auf die Weser und das etwas weiter weserabwärts gelegene Schloss Fürstenberg.

Mit dem „**Herbst-Cocktail**" veranstalten die Eigentümer von Schloss Wehrden jeweils am letzten Wochenende im Oktober einen eigenständigen Markt mit einem exquisiten Angebot von Schmuck, Textilien, Accessoires, Kunsthandwerk und regionalen Produkten.

In den Sommermonaten gibt die Personen- und Radfahrerfähre bei Wehrden eine beschauliche Möglichkeit, den Fluss zu überqueren. Auf beiden Uferseiten laden Gaststätten zum Verweilen ein. Von der Gaststätte Eulenkrug am östlichen Ufer erreicht man schnell Fürstenberg mit seinem Schloss und der Porzellanmanufaktur.

Oben: Schloss Wehrden; unten: Blick aus dem Schlosspark Richtung Fürstenberg

FÜRSTENBERG

Nach Meißen ist Fürstenberg die älteste Porzellanmanufaktur Deutschlands. Vollkommen einzigartig aber ist die Lage Fürstenbergs auf einem steilen Felsen oberhalb der Weser. Direkt vom Schlosshof hat man einen fantastischen Ausblick auf das Weserbergland. Der Besuch des Museums im Schloss ist für jeden, der sich für Tafelkultur und Porzellangeschichte interessiert, ein Muss.

Museum Schloss Fürstenberg
mit Besucherwerkstatt
Februar – Dezember
Di–So 10–17 Uhr
Tel. 05271 966778-10

www.fuerstenberg-schloss.com
www.fuerstenberg-porzellan.com
www.jub-fuerstenberg.de
www.bokenrode.de

Schloss Fürstenberg über der Weser

Auf der **Aussichtsterrasse** des Schlosses Fürstenberg fühlt man sich wie auf dem Balkon des Weserberglandes. Hoch über der Weser hat man einen eindrucksvollen Blick über die Landschaft. Am anderen Weserufer sind Radfahrer auf dem Weserradweg erkennbar, und unten auf dem Fluss mitunter Kanuten oder Motorboote. Im Aufwind des Berghanges lassen sich allerdings auch Greifvögel wie Rotmilan oder Bussard beobachten.

Im Weserbergland gibt es eine ganze Reihe von Schlössern, doch nur das **Schloss Fürstenberg** wurde auf einem steilen Berg direkt über der Weser errichtet. Schon von weither sind die leuchtenden weißen Mauern über dem Wald des Kathagenberges zu sehen. Die Farbe symbolisiert gewissermaßen die bereits vor mehr als 250 Jahren erfolgte Umnutzung des Schlosses als Produktionsstätte des weißen Goldes. Die **Porzellanmanufaktur Fürstenberg** ist nach Meißen die zweitälteste Deutschlands. Im Porzellanmuseum ist die Geschichte der Porzellanherstellung erlebbar.

Linde an den Weserterrassen

Das Fürstenberger Schloss wurde am Standort einer alten Burg ursprünglich als Jagdschloss errichtet. Schon um 1750 wurde hier die Porzellanmanufaktur installiert – die Gründung der Manufaktur erfolgte durch Herzog Carl I. von Braunschweig, der mit

Auf der Aussichtsterrasse von Schloss Fürstenberg

dieser und anderen Maßnahmen den Weserdistrikt des Herzogtums Braunschweig nachhaltig wirtschaftlich fördern wollte. Nach anfänglichen Schwierigkeiten gelang schließlich die Produktion von hochwertigem Porzellan – im Laufe der Jahrhunderte sind in Fürstenberg bekannte und teilweise aufwendig bemalte Porzellanskulpturen entstanden. Mit zeitgemäßen Kollektionen setzt die Manufaktur diese anspruchsvolle Tradition heute fort.

Das **Museum Schloss Fürstenberg** vermittelt die Geschichte der Porzellanmanufaktur im Kontext der allgemeinen Tafelkultur mit modernen Inszenierungen. In der **Besucherwerkstatt** des Museums kann man das Handwerk der Porzellanherstellung live erleben. Zudem werden neben Führungen auch zahlreiche Kurse und Workshops angeboten, in denen man Porzellanobjekte bzw. -bemalungen selber gestalten kann.

Am Ortsrand von Fürstenberg direkt am Solling ist das **Mittelalterdorf Bokenrode** als ein typisches historisches Dorf der Region rekonstruiert worden. Neben Mehrtages- und Gruppenangeboten gibt es dort auch Tagesprogramme insbesondere für Jugendliche: Leben wie im Mittelalter, sozusagen ein Schnupper-Erlebnis-Kurs in Geschichte.

Schloss Fürstenberg vom westlichen Weserufer betrachtet

HÖXTER

Höxter war einst eine der bedeutendsten Städte im Weserbergland. Als die nahe gelegene Stadt Corvey zu einer ernsten Konkurrenz wurde, beteiligten sich die Höxteraner an der Zerstörung Corveys durch den Bischof von Paderborn. Das war im Jahre 1265. Zum Glück wurden die Klosteranlagen Corveys damals verschont. Trotzdem ist von der ursprünglich mittelalterlichen Anlage Corveys wenig erhalten geblieben. Aber auch das Wenige reichte für die Anerkennung als Weltkulturerbe, wovon Höxter heute sehr profitiert.

Forum Jacob Pins
Westerbachstr. 35-37, 37671 Höxter
April bis November
Di-So 10-17 Uhr
Museum im Hütteschen Haus
Sonderausstellungen
Nicolaistr. 10, 37671 Höxter
Mi-Sa 14-17 Uhr So 11-17 Uhr

www.hoexter.de
www.jacob-pins.de
www.kulturland.org

Fachwerkrosetten am Haus Schäfer

Blick vom Rodeneckturm über Höxter und Corvey in nördlicher Richtung

Die Altstadt von Höxter ist absolut sehenswert: Die mittelalterliche **Stadtmauer** mit einer vorgelagerten Wallanlage ist noch weitgehend erhalten. Entlang der Mauer kann man die Stadt auf schmalen Gassen umrunden. An die Stadtmauer drängen sich vielfach noch schmale Fachwerkhäuser. In der Innenstadt sind die Häuser weitaus prächtiger: Stattliche Fachwerkbauten mit aufwendigen und bunt bemalten Schnitzereien zeugen von der Blütezeit der Handelsstadt Höxter im Zeitalter der Renaissance. Am Übergang des Hellweges über die Weser gelegen, entwickelte sich Höxter seit dem frühen Mittelalter zu einer wichtigen Handelsmetropole, die sogar in die Hanse aufgenommen wurde. Besonders prachtvolle Beispiele der Fachwerkarchitektur sind das während der Renaissancezeit aufgestockte und ausgebaute **Historische Rathaus**, das sogenannte **Adam-und-Eva-Haus**, dessen markanteste Schnitzerei die Darstellung von Adam und Eva an einem mächtigen Eckbalken ist, die **Dechanei** und das **Haus Schäfer** mit leuchtendem Rosettenschmuck.

Adam & Eva in Fachwerk

Bemerkenswert ist auch der aufwändig restaurierte Adelshof in der Westerbachstraße. Hier wurde das **Forum Jacob Pins** eingerichtet. Mit regelmäßigen Kunstausstellungen erinnert das Forum an das Wirken des Höxteraner Künst-

Die Türme der St. Kiliani-Kirche

lers Jacob Pins. Pins musste wegen seiner jüdischen Herkunft vor den Nationalsozialisten fliehen und fand in Israel eine neue Heimat. Pins nahm trotz schlimmer Erinnerungen (seine Eltern wurde im Holocaust ermordet) den Kontakt zu seiner Heimatstadt wieder auf und vermachte den Bürgern Höxters sein künstlerisches Werk. Die Jacob Pins Gesellschaft bewahrt seine Werke im Forum und richtet mit regionalen Künstlern Ausstellungen aus, die sich den Themen Erinnerung und Versöhnung widmen.

Das Forum-Jacob-Pins

Aus der Silhouette der Stadt Höxter ragen die Doppeltürme der **St. Kiliani-Kirche** markant hervor. Das zweitürmige Westwerk stammt aus dem 11. Jahrhundert. Das 885

Obere Mauerstraße mit Fachwerk

erbaute Westwerk der Klosterkirche Corvey wurde später nach dem Vorbild der St. Kiliani-Kirche zu einer sehr ähnlichen zweitürmigen Anlage umgebaut.

Wer sich einen Überblick über Höxter und das umgebende Weserbergland verschaffen möchte, sollte den **Rodeneckturm** besteigen. Der Turm befindet sich nahe des Stadtrandes am Ziegenberg und bietet einen schönen Ausblick über die Stadt Höxter und das Wesertal in nordöstlicher Richtung. Da sich der Turm am Berghang befindet, ist der Blick über die Weser in südlicher Richtung verdeckt. Wer etwa einen Kilometer weiter wandert, erreicht schnell die **Rabenklippen** über dem Steilhang des Ziegenberges. Von hier aus ergibt sich eine eindrucksvolle Aussicht über das Wesertal in südlicher Richtung sowie auf das Tal der Nette, die bei Godelheim in die Weser mündet. Direkt unterhalb der Rabenklippen befinden sich zahlreiche Kiesabbauseen mit der **Freizeitanlage Höxter-Godelheim**.

Höxter von der Weser

Höxter ist Ort der nordrhein-westfälischen Landesgartenschau 2023. Im Rahmen dieser Schau wird auch ein Geschichtspark entstehen, der die archäologischen Zeugnisse der Welterbestätte Corvey erschließt - gewissermaßen eine späte Wiedergutmachung, denn mit Hilfe der Truppen des Paderborner Bischofs haben die Einwohner der Stadt Höxter im Jahre 1265 die konkurrierende Nachbarstadt Corvey heimgesucht und zerstört.

Blick von den Rabenklippen auf die Godelheimer Seen und das Wesertal

CORVEY

Die Welterbestätte Corvey umfasst eigentlich nur das aus dem 9. Jahrhundert stammende Westwerk der Klosterkirche sowie die Civitas Corvey als archäologisches Denkmal. Aber auch im Schloss der prachtvollen barockzeitlichen Anlage und der barocken Klosterkirche gibt es mit der umfangreichen Bibliothek, dem Museum und eindrucksvollen Sälen für Besucher viel historisch Beachtenswertes zu entdecken.

Museum Höxter-Corvey
37671 Höxter
Tel. 05271 694010
Museumsshop: 05271 68120
täglich 10–18 Uhr

www.corvey.de
www.kulturland.org
www.klosterlandschaft-owl.de

Fassade des Barockschlosses Corvey, rechts das Westwerk der Klosterkirche

Hier ist eine mehr als tausendjährige Geschichte erlebbar: 822 wurde das **Kloster Corvey** im Sinne des 814 verstorbenen Karls des Großen gegründet, um die von den Karolingern neu eroberten Gebiete zu christianisieren. Der Name Corvey leitet sich vom französischen Stammkloster Corbie ab. 885 wurde die Klosterkirche mit dem noch erhaltenen Westwerk fertiggestellt. Als Reichsabtei bildete Corvey im 9. und 10. Jahrhundert ein kulturelles christliches Zentrum in Nordwesteuropa. 2014 wurden das **Westwerk** und die „**Civitas Corvey**" – die Wüstung der ehemaligen zu Corvey gehörenden Stadt –in die Liste des UNESCO-Welterbes aufgenommen. Auf der Landesgartenschau in Höxter 2023 wird die Civitas in Form eines Geschichtsparks wieder erlebbar gemacht.

Oben: Säulenhalle im Westwerk
Unten: Außenansicht Corveys

Das Westwerk der Klosterkirche beeindruckt von außen durch die unregelmäßigen Bruchsteine, deren Alter erahnbar ist. Hinter der Fassade betritt der Besucher eine romanische Säulenhalle, von der eine Treppe in die zweite Etage in die ehemalige Kaiserkirche führt. Hier befand sich der kaiserliche Thron, an den Wänden wurden im 20. Jahrhundert Wandmalereien aus der Entstehungszeit der Kirche freigelegt.

Die jetzige Klosterkirche steht mit ihrer überbordenden goldglänzenden barocken Ausstattung in einem starken Kontrast zur Schlichtheit des romanischen Westwerks. Da auch die karolingische Klosteranlage im

Dreißigjährigen Krieg zerstört wurde, ist die Gesamtanlage heute vom Barock geprägt.

Das Barockschloss beherbergt ein Museum, das über die Geschichte Corveys und Höxters informiert, sowie die **Fürstliche Bibliothek**, die sich mit einem Bestand von ca. 74.000 Bänden über zahlreiche Räume im zweiten Obergeschoss erstreckt. Diese Bibliothek, die zeitweilig von Hoffmann von Fallersleben verwaltet wurde, knüpft an die legendäre Klosterbibliothek und das Corveyer Skriptorium an – dort entstanden bis etwa zum Jahr 1000 zahlreiche bedeutende Handschriften und Translationen. Diese Schriften sind im Rahmen der Säkularisation verstreut worden, dennoch ist ein Besuch der Bibliothek für Buchliebhaber empfehlenswert, zumal dort regelmäßig illustrierte Prachtbände ausgestellt werden. Zudem führt der Weg in die Bibliothek durch unterschiedliche prunkvolle Räumlichkeiten des Schlosses, unter anderem auch durch den mit prächtigen Deckengemälden ausgestatteten Kaisersaal. Dieser Saal bietet einen würdigen Rahmen für Konzerte und Vortragsveranstaltungen.

Die Räume des Barockschlosses sind auch Ort von Sonderausstellungen zu/von .....

Zu den verschiedenen Aspekten der Welterbestätte, des historischen Klosters und des Barockschlosses werden unterschiedliche Themenführungen angeboten. Ein neu eingerichtetes Besucherzentrum hält Informationsmaterial und Lektüre über alle Angebote in Corvey bereit.

Zur Weser wird das Gelände der zum Welterbe zählende Civitas Corvey von einer eindrucksvollen Eichenallee abgegrenzt.

Oben: Eichenallee am Weserufer; rechts: Westwerk der Klosterkirche Corvey

MARIENMÜNSTER

Marienmünster bildet das Tor zur Klosterlandschaft Ostwestfalen-Lippe. Das FORUM ABTEI informiert über die Geschichte und die Angebote der historischen ostwestfälischen Klöster und lädt dazu ein, vom Weserbergland aus einen Abstecher ins Ostwestfälische zu unternehmen. Einige der Anlagen wie Corvey und Herstelle finden sich aber auch direkt an der Weser.

Besucherzentrum Forum Abteil
April – Oktober
Fr 13-17 Uhr
Sa und So 11-17 Uhr

www.klosterlandschaft-owl.de
www.kulturstiftung-marienmuenster.de
www.musikfreunde.org

Seitenansicht der ehemalige Abteikirche Marienmünster

Marienmünster wurde 1127 als Sühnekloster für Benedektiner von dem Schwalenberger Grafen Widukind gegründet. Das Kloster befand sich in unmittelbarer Nähe der Schwalenberger Stammburg, der **Oldenburg**. Der Wohnturm der Oldenburg ist noch erhalten und wird privat genutzt.

Das Kloster wurde 1803 aufgelöst. Der Klosterhof wurde anschließend nur noch landwirtschaftlich genutzt. Seit 2006 betreibt die Kulturstiftung Marienmünster eine Umnutzung von Teilen des Landwirtschaftsbetrieb als öffentliche Begegnungs- und Bildungsstätte mit musikalischem Schwerpunkt. In den ehemaligen Wirtschaftsgebäuden finden seitdem Veranstaltungen und Konzerte statt. Der in der Ackerscheune eingerichtete Konzertsaal wird als Aufnahme- und Einspielort für Klassik- und Kammermusik genutzt. Die **Barockorgel** in der ehemaligen **Abteikirche** gilt als eine der klangschönsten in der Region – auch sie wird regelmäßig für Konzerte genutzt.

Das Besucherzentrum **FORUM Abtei** vor der Klostermauer dient als Informationsstelle für touristische Routen in Ostwestfalen-Lippe. 75 klösterliche Einrichtungen haben sich unter der Dachmarke „Klosterlandschaft OWL" zusammengefunden.

Die Doppelturmanlage des Westwerks der Abteikirche ist stark an das Westwerk der Klosterkirche Corvey angelehnt. Die Kirche selbst wurde, wie man von der Seite gut erkennt, zu verschiedenen Epochen erweitert und ausgebaut.

Die ehemalige Klosteranlage mit der einstigen Abteikirche von Westen gesehen

TONENBURG

Der gelb-orange Wohnturm der Tonenburg oberhalb der Weser ist eine markante Wegmarke an der Bundesstraße 64. Die Anlage wurde 1315 zum Schutz des Corveyer Territoriums errichtet. Heute beherbergen die historischen Gebäude ein Zweiradhotel. Eine von mächtigen Balken gestützte Scheune bietet zudem einen rustikalen Rahmen für Konzerte und andere Kulturveranstaltungen.

USLAR

Die Kleinstadt Uslar liegt mitten im Solling, Niedersachsaens zweitgrößtem Waldgebiet. Im Gegensatz zum Harz ist der Solling weniger steil und weitaus lieblicher.
Die Waldlandschaft wird geprägt von ausgedehnten Buchenwäldern und schönen Wiesentälern.
Uslars Wahrzeichen ist das mittelalterliche Rathaus mit dem Uhrenturm an der Langen Straße.
Einen Besuch wert ist vor allem auch das Museum Uslar.

Museum Uslar
Mühlentor 4, 37170 Uslar
Di-So 15-17 Uhr,
Fr 10-12 Uhr

www.naturpark-solling-vogler.de
www.solling-vogler-region.de
www.uslar.de

Das historische Rathaus Uslar

Wer in den Wäldern des Sollings unterwegs ist, findet abseits einiger weniger Besucherzentren und stärker frequentierter Wanderparkplätze schnell echte Einsamkeit. Denn der **Solling** ist mit etwa 380 Quadratkilometern nach dem Harz das zweitgrößte Waldgebiet Niedersachsens, und die Gegend in und um den Solling ist relativ dünn besiedelt. Der **Naturpark Solling-Vogler** und der Tourismusverband **Solling-Vogler-Region** im Weserbergland bieten eine Vielzahl von **Wander- und Mountainbike-Touren** an, um das ausgedehnte bis zu 500 Meter hoch gelegene Waldgebiet mit seinen reizvollen Wiesen- und Bachtälern zu erkunden.

Mitten im Solling liegt die Kleinstadt Uslar. Am Endpunkt der zentralen und von Fachwerkhäusern geprägten Langen Straße liegt das prägnante 1476 errichtete **historische Rathaus**. Etwa 200 Meter entfernt findet man das **Museum Uslar**, dessen Dauerausstellung unter anderem über das Leben der Arbeiter in Wald und Forst sowie über die zeitweise sehr bedeutende Kleinmöbelindustrie in Uslar informiert.

Das Museum Uslar informiert über das Leben und Arbeiten in der Solling-Region.

Auf dem **Baumtypenpfad** am Stadtrand kann man sich über die häufigsten Bäume im Solling informieren. Dabei fungieren die Bäume als Ich-Erzähler und stellen sich den Besuchern persönlich vor.

Das Ahletal nahe Uslar mit dem Sollingturm , von dessen Aussichtsplattform man eine tolle Fernsicht hat.

NIENOVER

Das Hutewaldprojekt bei Nienover im Solling ist der Beweis dafür, dass Naturschutzprojekte auch Besuchermagnete sein können: Mitten durch das Gebiet, in dem halbwilde Rinder und Pferde in einem urtümlichen Wald weiden, führt ein Wanderweg, auf dem man diesen friedlichen Tieren begegnen kann.
Das nahe gelegene Jagdschloss Nienover wurde im 17. Jahrhundert auf den Mauern einer Burg errichtet, vor der sich einst eine Stadt befand. Diese Stadtwüstung wurde vor einigen Jahrzehnten freigelegt. In einem dort errichteten Mittelalterhaus wird das Leben vergangener Zeiten erfahrbar.

Im Hutewald werden regelmäßig Führungen vom Naturpark Solling-Vogler veranstaltet. Am Mittelalterhaus sind verschiedene Mittelaltergruppen aktiv - in den Sommermonaten gibt es dort auch Erlebnis-Angebote.

www.mittelalterhaus-nienover.de
www.naturpark-solling-vogler.de
www.landesforsten.de

Mittelalterhaus

In den Weiten des prähistorischen Mitteleuropas streiften Auerochsen und andere große Pflanzenfresser durch die Natur und prägten eine abwechslungsreiche Landschaft aus Waldinseln und offenen Flächen mit großen Solitärbäumen – große geschlossene Wälder gab es nach dieser Theorie höchstens auf unwirtlichen Berghöhen. Nachdem Auerochsen und Mammuts ausgerottet waren und andere große Pflanzenfresser wie die Wisente in kleine abgelegene Refugien verdrängt worden waren, ließen die einfachen Bauern ihre Haustiere im wieder entstandenen Wald weiden. Diese sogenannten **Hutewälder** ähnelten wahrscheinlich den ursprünglichen offenen Waldlandschaften. Mit dem Wachstum der Bevölkerung wurde die Beweidung immer intensiver und führte zur Übernutzung der Böden. Im Solling wurde daher die Waldweide im 18. Jahrhundert verboten. Durch den Aufbau einer geregelten Forstwirtschaft bildete sich schließlich das Waldbild, das in den Augen der meisten heute lebenden Menschen „Wald" darstellt: oftmals ausgedehnte und geschlossene Bestände gleichaltriger Bäume. Solche Wälder sind aufgrund ihrer Gleichförmigkeit recht artenarm. Im großen Waldgebiet des Sollings haben einige Rudimente der ursprünglichen Hutewälder allerdings die Zeiten überdauert. Seit dem Jahr 2000 wurden in einem großen Waldgebiet im Reiherbachtal bei Nienover Wildpferde (**Exmoorponys**) und **Heckrinder** (Rückzüchtungen von Auerochsen) angesiedelt, die mit ihrer Lebensweise die Wälder in einen ursprünglichen Zustand zurückführen sollen. Durch das Projektgebiet führt ein Wanderweg, der es Besuchern ermöglicht, die Tiere beim Beweiden des Waldes zu beobachten. Da vor allem die Heckrinder eher scheu sind, gibt es auch ein Schaugehege, wo man diesen eindrucksvollen Rindern recht nahe kommen kann.

Unweit des Hutewaldes gab es eine mittelalterliche Stadt, deren Spuren erst vor wenigen Jahrzehnten von Archäologen entdeckt wurden. Das dort errichtete **Mittelalterhaus** macht die regionale mittelalterliche Geschichte wieder lebendig. An den Wochenenden in der Sommersaison präsentieren hier zahlreiche Mittelaltergruppen historische Lebensformen..

Oben: Heckrinder; unten: Exmoorponys im Schaugehege des Hutewald

SCHÖNHAGEN

Wer genauer wissen möchte, wo das Leben im Wald tobt, welche Aufgabe die Bodenorganismen haben oder was in den Baumwipfeln passiert, der sollte den ErlebnisWald Solling besuchen. An zahlreichen Stationen wird zumeist spielerisch Wissen vermittelt. Was in Baum wipfelhöhe los ist, erfährt man bei der Besteigung des Klimaturms der mitten zwischen den Bäumen des ErlebnisWaldes aufragt.

Der ErlebnisWald ist täglich geöffnet. Der Eintritt erfolgt über ein Drehkreuz mit Münzautomat zum Preis von einem Euro (Kleingeld nicht vergessen).

www.uslar.de
www.erlebniswald.de
www.naturpark-solling-vogler.de
www.baumhaushotel-solling.de
www.camping-schoenhagen.de

Badeteich Schönhagen

Wer gerne in ein kühles natürliches Gewässer eintaucht, dem sei der **ErlebnisWald** Schönhagen vor allem im Sommer als Ausflugsziel empfohlen. Denn nach dem Besuch des mit unterschiedlichen Informations- und Erlebniseinheiten ausgestatteten Waldgebietes kann man sich im **Natur-Badeteich** am Waldcampingplatz erfrischen. Zuvor sollte man jedoch unbedingt den **Klimaturm** im Erlebniswald erklommen haben. Der 40 Meter hohe Turm steht inmitten großer Buchen und vermittelt den Besuchern das Gefühl, in die Baumwipfel einzutauchen. Von ganz oben bietet sich dann ein Blick über die Wipfel in das reizvolle Wiesental der Ahle und die Wälder des Sollings.

Vor allem für Familien mit Kindern ist ein Ausflug zum ErlebnisWald empfehlenswert. Auf dem zwölf Hektar umfassenden Gelände findet man zahlreiche Tafeln und Stationen, die die komplexen Zusammenhänge des Ökosystems Wald gut verständlich und teilweise spielerisch vermitteln. Darüber hinaus werden im ErlebnisWald regelmäßig Führungen und Veranstaltungen angeboten. Mit dem Waldatelier, einem lichtdurchfluteten kegelförmigen Gebäude gibt es hierfür im ErlebnisWald einen ungewöhnlichen und architektonisch einzigartigen Ort.

Wer etwas länger im ErlebnisWald verweilen möchte, kann Übernachtungen im **Baumhaushotel-Solling** übernachten. Das Hotel mit neun Baumhäusern befindet sich auf dem Gelände des ErlebnisWaldes und bietet Übernachtungsmöglichkeiten inmitten der Natur. Wer es noch etwas abenteuerlicher mag, dem werden dort sogar Übernachtungen im frei schwebenden Baumzelt angeboten.

Blick vom Klimaturm im ErlebnisWald über das Ahletal

WILDPARK NEUHAUS

Tiere in ihrer natürlichen Umgebung erleben – dafür steht der von den niedersächsischen Landesforsten betriebene Wildpark Neuhaus im Solling. Die Gehege des Wildparks auf dem 50 Hektar großen Gelände sind eingebettet in die abwechslungsreiche Waldlandschaft des Sollings und bieten zu jeder Jahreszeit ein unverfälschtes Naturerlebnis.

Der Wildpark ist von Mai bis Oktober von 9–19 Uhr und von November bis April: von 9–17 Uhr geöffnet. Letzter Einlass eine Stunde vor Schließung

www.naturpark-solling-vogler.de
www.solling-vogler-region.de
www.landesforsten.de

Im Damwildgehege kann man den Tieren sehr nahe kommen.

Die Wälder des Sollings bieten zahlreichen größeren Tieren Lebensraum: Hirsche, Rehe und Wildschweine sind hier häufig, aber sie leben im Verborgenen und sind für den normalen Wanderer nur sehr selten zu entdecken. Für Tierarten wie Luchs und Wildkatze und auch einige seltene Vogel- und Eulenarten gilt das umso mehr. Wer diese Tiere in einer weitgehend natürlichen Umgebung beobachten möchte, dem sei der **Wildpark Neuhaus** empfohlen. In dem von den Niedersächsischen Landesforsten betriebenen Wildpark können die Besucher zahlreichen heimischen Tieren sehr nahe kommen. Allerdings sollte man festes und gutes Schuhwerk tragen, denn die Fläche des Wildparks beträgt 50 Hektar. Die Tiere leben dort nicht zusammengepfercht, sondern in natürlichen Gehegen mit ausreichend Auslauf. Außerdem präsentiert die Falknerei regelmäßig **Flugvorführungen** von Greifvögeln und Eulen. Das **Wildparkhaus** bietet zudem eine interaktive Ausstellung mit tiefergehenden Informationen zur Natur in der Region.

Nach Osten hin wird der Wildpark Solling von einer mächtigen Sandsteinmauer begrenzt. Diese Mauern umfassten einst die Weiden des Gestüts Neuhaus. Hinter der Mauer führt eine Allee mit mächtigen Eichen in Richtung Uslar. Im Solling sind zahlreiche **Eichenalleen** erhalten, die zum Teil noch auf ihre Anlage im 18. Jahrhundert zurückgehen, als der Forstmeister von Langen mit dem Aufbau einer nachhaltigen Forstwirtschaft begann.

Oben: Ein Tier des großen Wolfsrudels; unten: Hirschbrunft im Wildpark Neuhaus

SILBERBORN

Mit mehr als 500 Metern ist der Solling das höchste Mittelgebirge im Weserbergland. Während der seltene Schnee im Wesertal schnell taut, kann man im Hochsolling noch häufiger und länger rodeln oder Skilanglauf betreiben.
Aber auch in der warmen Jahreszeit hat der Hochsolling viel zu bieten: Das Hochmoor Mecklenbruch lockt mit einer außergewöhnlichen Landschaft, und im Hochseilgarten kann man seine Schwindelfreiheit prüfen.

Der Kletterpark ist von April bis September an den Wochenenden und in den niedersächsischen Ferien täglich von 10-19 Uhr geöffnet sowie freitags von 14-19 Uhr

www.hochsolling.de
www.solling-vogler-region.de
www.naturpark-solling-vogler.de
www.treerock.de

Rodelvergnügen am Langenberg bei Silberborn

Der Solling erhebt sich recht sanft aus der Umgebung des Weserberglandes. Seine höchste Erhebung, die 528 Meter hohe Große Blöße, ist gar nicht als Berggipfel erkennbar. Dementsprechend fließt das Regenwasser im Hochsolling nur langsam ab. Seit der letzten Eiszeit hatten sich daher hier zahlreiche Moore gebildet. Durch Torfabbau und Entwässerung sind diese Moorflächen größtenteils verschwunden. Als eines der größten Moorgebiete ist das **Hochmoor Mecklenbruch** bei Silberborn erhalten geblieben. Seitdem man die Bedeutung der Moore für die Biodiversität und als Kohlenstoffspeicher erkannt hat, wird das Moor geschützt und die Entwässerungsgräben werden geschlossen, um der natürlichen Entwicklung ihren Lauf zu lassen. Auf einem Steg kann man über dem feuchten Boden entlangwandeln und diese außergewöhnliche Landschaft, die für zahlreiche bedrohte Tier- und Pflanzenarten einen speziellen Lebensraum darstellt, erleben. Besonders empfehlenswert ist der Besuch im Frühsommer, wenn das Wollgras blüht und die Landschaft mit weiß-flauschigen Punkten belebt. Auch der Sonnentau – eine fleischfressende Pflanze – bereichert die Flora des Moores. Zum Besuch des Hochmoors werden regelmäßig Führungen angeboten.

Einen guten Überblick auf die ausgedehnten Wälder des Sollings bekommt man vom **Hochsollingturm**, den man von einem Parkplatz zwischen Silberborn und Neuhaus schnell zu Fuß erreicht.

Der **Kletterpark Hochsolling** sowie das Tourenprogramm eines Wildnisguides mit Rentieren oder Schlittenhunden sind weitere Freizeitangebote des Hochsollingortes.

Außerdem gibt es in Silberborn auch gute gastronomische Einkehrmöglichkeiten.

Das Hochmoor Mecklenbruch im Frühsommer zur Wollgrasblüte

HELLENTAL

Im Hellental werden Geologie, Natur- und Kulturgeschichte anschaulich: Das Grabenbruchtal weist geologische Besonderheiten auf, die sich unmittelbar auf Pflanzen und Tiere auswirken. Und nicht zuletzt hat der Reichtum vor allem an Holz und Wasser die Glasmacherei im Tal befördert. Im Museum im Backhaus erfährt man Wissenswertes über die regionale Glas- und Backhausgeschichte. Das Sollinghaus Weber vermittelt zudem Alltagskultur und regionale Kulturgeschichte.

Das Sollinghaus Weber und das Museum im Backhaus sind von April bis Oktober sonntags von 14-17 Uhr geöffnet.

www.naturpark-solling-vogler.de
www.hellental-im-solling.de
www.hgv-hhm.de
www.samtgemeindeverwaltung.de

Blühende Wiesen im Hellental

Eigentlich ist das Hellental recht lieblich: Wiesen und Weiden ziehen sich tief in das Waldgebiet des Sollings hinein – Raum scheint also genug vorhanden. Und doch klebt das Dorf Hellental am steilen Osthang des Tales, die Häuser drängen sich dicht aneinander und auf den steilen Straßen kommt man als Fußgänger schnell aus der Puste, wenn man bergan geht. Hellental ist ein braunschweigisches **Glasmacherdorf**, die Grenze zum hannoverschen Ausland verlief genau im Talgrund. Davon zeugen noch heute zahlreiche Grenzsteine, die die Zeiten überdauert haben.

Neben der spannenden Geschichte des kleinen Ortes lohnt ein Besuch des Hellentales vor allem wegen der vielfältigen Flora und Fauna. Im Frühsommer erblühen die extensiv genutzten, oft feuchten Wiesen in den unterschiedlichsten Farben. Hier finden zahlreiche sehr seltene Pflanzen und Tiere Rückzugsräume. Und auch die Geologie des Hellentales ist sehr interessant – dies wird offenkundig, wenn man den Bach Helle an manchen Stellen lustig plätschern hört und an anderen Stellen talabwärts vergeblich sucht, denn dort fließt das Wasser dann unterirdisch ab.

Ein **Graslandpfad**, eine **LebenRaumRoute** des Naturparks sowie das **Sollinghaus Weber** und das **Museum im Backhaus** in der Ortsmitte informieren über die Besonderheiten des Hellentals.

Einkehren kann man dann im Lönskrug, in dem der Heimatdichter Hermann Löns oft und gern zu Gast war. Löns bezeichnete das Hellental als „Tal der Lieder".

Oben: Dorfteich und das Museum im Backhaus; unten: Exmoor-Ponys im Hellental

KÖTERBERG

Wer bequem mit dem Auto auf den Köterberg fährt, wird beim Aussteigen davon überrascht, dass hier oben ein merklich anderer Wind weht und ein anderes Klima herrscht als unten. Die freie Kuppe des Köterberges vermittelt oberhalb des sanften Wesertales ein Gefühl von Bergwelt. Der Ausblick ist unvergleichlich – gerade deswegen ist es empfehlenswert, sich dieses Gefühl entschleunigt zu Fuß oder per Rad zu erarbeiten.

Der Funkmast auf dem Köterberg ist von weither erkennbar.

Das Köterberghaus ist täglich von 9 Uhr bis zum Sonnenuntergang geöffnet.

www.koeterberg.de
www.luegde.de
www.teutonavigator.com
www.teutoburgerwald.de

Mit 497 Metern Höhe ist der Köterberg zwar nicht die höchste Erhebung im Weserbergland - der Solling erhebt sich mit der Großen Blöße auf 529 Meter, aber durch seine singuläre Lage bietet der Köterberg eine unvergleichliche **Rundumsicht** und durch die Anfahrt auf der steilen Köterbergstraße oder den Aufstieg auf teilweise noch steileren Wander- und Radwegen ein echtes Gebirgserlebnis. Auf dem Gipfel pfeift einem oft ein kühler Wind um die Ohren.

Auch die Motorradfahrer haben den Köterberg für sich entdeckt: Besonders an Wochenenden müssen sich Ausflügler, Wanderer und Mountainbiker darauf einstellen, dass der Parkplatz auf dem Gipfel mit Motorrädern belegt ist und das Dröhnen der Motoren die Bergesstille stört. Am frühen Morgen, am Abend und an den Werktagen können aber auch jene die Atmosphäre auf dem Köterberg genießen, die sich von den Motorradfahrern gestört fühlen.

Neben dem reizvollen Blick auf die abwechslungsreiche Landschaft lockt der Köterberg auch damit, die Natur direkt erleben zu können: So führen drei **Rundwanderwege** um den Berg herum, eine dieser Routen startet direkt auf dem Gipfel, in die anderen beiden kann man theoretisch auf dem Gipfel einsteigen. Offizieller Startpunkt ist im Dorf Köterberg, durch das die Straße zum Gipfel ohnehin führt. Mountainbiker sollten für eine Tour zum Köterberg gutes Kartenmaterial zur Hand nehmen: Auf Feld- und Forstwegen finden sich zahlreiche schöne Strecken, um den Köterberg von allen Richtungen aus zu erklimmen. Im Winter leuchtet die Kuppe des Köterberges oft weiß aus der grüngrauen Landschaft hervor. Hier freuen sich nicht nur Kinder darüber, den steilen Osthang mit dem Schlitten hinabsausen zu können.

Schon architektonisch signalisiert das **Köterberghaus**, dass der Besucher in eine andere Welt hinaufgestiegen ist: Das achteckige Gebäude wurde 1929 im Stil einer Riesengebirgsbaude errichtet und lädt noch heute zur Einkehr ein.

Im Jahre 1893 wurde auf dem Köterberg ein kleiner Turm erbaut, der die Bedeutung dieses markanten Gipfels für Ausflügler hervorheben sollte. Vor allem für die Mitglieder der Wandervogel-Bewegung war der Köterberg in den ersten Jahrzehnten des 20. Jahrhunderts ein beliebtes Wanderziel.

Blick vom Köterberg nach Osten über das Wesertal und Holzminden

HOLZMINDEN

Bei einem Rundgang durch Holzminden kann man sich auf die duftende Spur der Stadt der Aromen begeben, an 17 Duftstelen unterschiedliche Gerüche erschnuppern und vieles über ihre Bedeutungen erfahren. Man muss also genauer hinschauen bzw. auch mal die Nase hineinstecken, um der Faszination der Weserstadt auf die Spur zu kommen.

Der Holzmindener Marktplatz

www.stadtmarketing-holzminden.de
www.bergwerk-adventure.de
www.holzminden.de

Obwohl auch in Holzminden einige eindrucksvolle Fachwerkhäuser zu finden sind, kann die Stadt diesbezüglich mit der Nachbarstadt Höxter nicht mithalten. Der 1245 von den Grafen Everstein mit Stadtrechten ausgestattete Ort entwickelte sich nie zu einer Handelsmetropole, sondern blieb bis in das 19. Jahrhundert hinein eine Ackerbürgerstadt. Trotz oder gerade deswegen lädt der von Platanen umsäumte und von Bausünden verschonte **Marktplatz** zu einem entspannten Aufenthalt in einem der zahlreichen Eiscafés oder Restaurants ein. Bei einem Streifzug durch die Stadt kann man – vor allem in der mit groben Kopfsteinen gepflasterten Grabenstraße – dem Charme der einstigen Ackerbürgerstadt nachspüren.

Holzmindens Aufschwung begann mit der Gründung der deutschlandweit ersten Bauschule, die nun einen der drei Standorte der HAWK Hildesheim-Holzminden-Göttingen darstellt, und vor allem mit der Synthese des ersten künstlichen Duft- und Aromastoffes Vanillin durch Wilhelm Haarmann im Jahre 1874. In Holzminden ist immer noch einer der weltweit größten Hersteller von Duft- und Aromastoffen ansässig. Seit einigen Jahrzehnten trägt Holzminden den Beinamen „**Stadt der Düfte und Aromen**".

Oben: Grabenstraße in der Innenstadt; unten: Weserufer mit Lutherkirche

Die Nase am Haarmannplatz – Symbol für die Stadt der Düfte und Aromen

Ein mit Duftstelen ausgestatteter Rundweg durch die Innenstadt verbindet das Erlebnis der wichtigsten Düfte und Aromen mit der Stadtgeschichte. Bis zum Jahre 2022 entsteht nahe des Weserufers das „**Sensoria**", das Haus der Düfte und Aromen, eine weltweit einmalige interaktive Erlebniswelt, in der Duft- und Aromastoffe und ihre mit Holzminden verknüpfte Geschichte erfahrbar gemacht werden.

Das Weserufer ist in Holzminden ohnehin gut mit der Stadt verbunden. Radfahrer auf dem Weserradweg werden dort vom Weserhotel und der **Hafenbar** empfangen, und auch der Weg zum Marktplatz ist ein Katzensprung. Markante Wahrzeichen der Stadt sind der von einer kupfernen Spitze gekrönte Turm der **Lutherkirche** sowie der mächtige 40 Meter hohe **Getreidespeicher**.

Der Schriftsteller Wilhelm Raabe verbrachte seine Jugend in Holzminden. Der **Raabebrunnen** mit der Figur des Klaus Eckenbrecher wurde ihm zu Ehren 1927 errichtet.

Der mechanische Meisterumzug im Dachgeschoss des Reichspräsidentenhauses nimmt Bezug auf die Tradition Holzmindens als Baugewerkschulstandort: Nach Ab-

Szene vom Straßentheater-Festival zu Pfingsten

Weserkai mit Hafenbar (im Vordergrund) und Weserbrücke

schluss der „Meisterprüfung“ ziehen die Studenten zur Weser, um dort aus Pappe gebastelte überdimensionierte Insignien ihres Studiums in die Weser zu werfen. Der von Glockenspielmusik untermalte Meisterumzug zieht täglich um 9, 12, 15 und 18 Uhr durch das Dachgeschoss des Gebäudes. Alle zwei Jahre verwandeln sich die Straßen Holzmindens in Bühnen: Beim **Internationalen Straßentheaterfestival** präsentieren seit inzwischen mehr als zwanzig Jahren Straßentheatergruppen aus ganz Europa, und sogar aus Übersee faszinierende und teilweise auch verstörende Aufführungen im öffentlichen Raum.

Auch Freunde von Escape-Room-Abenteuern werden in Holzminden fündig: Das **Bergwerk Holzminden** bietet Europas längstes Adventure Escape Game in einem großen stillgelegten Industriegebäude.

Der Getreidespeicher am Weserufer ist das markante Wahrzeichen von Holzminden.

BEVERN

In Bevern steht eines der eindrucksvollsten Schlösser aus der Epoche der Weserrenaissance. Während die Außenfassade Bildhauerkunst präsentiert, dominiert im Innenhof Fachwerk. Als Kulturzentrum des Landkreises Holzminden ist das Schloss Veranstaltungsort für Ausstellungen und andere kulturelle Events.

Erlebniswelt Renaissance
Ostern bis Oktober
Di -So und an Feiertagen von 10-17 Uhr
Diese Öffnungszeiten gelten auch für die Sonderausstellungen im Schloss

Das Heimatmuseum im Schloss ist Sa, So und an Feiertagen 10-12 Uhr und 14-16 Uhr geöffnet

www.schloss-bevern.de
www.samtgemeinde-bevern.de
www.solling-vogler-region.de

In der Schlosskapelle finden regelmäßig Konzerte statt.

Einen eindrucksvollen Anblick bietet die weiße, durch graue und blaue Friesen gegliederte Fassade des Schlosses Bevern. Die von Statius von Münchhausen um 1600 erbaute Vierflügelanlage mit einem großzügigen Innenhof ist eines der prachtvollsten Gebäude der Weserrenaissance. In der **Erlebniswelt Renaissance** im Innern des Schlosses wird die Entstehungsgeschichte des Gebäudes und die abenteuerliche Geschichte des Erbauers vermittelt.

Weiteren Einblick in die sehr wechselvolle Geschichte des Schlosses bieten Führungen, die das Kulturzentrum im Schloss veranstaltet, sowie der Besuch des Heimatmuseums, das sich ebenfalls im Schloss befindet. Zudem werden in den Ausstellungsräumen von Schloss Bevern Kunst- und historische Ausstellungen gezeigt. Eine Dauerausstellung gibt Auskunft über das Leben von Paula Tobias. Sie war in Bevern in den 1920er und frühen 1930er Jahren eine der ersten Landärztinnen im damaligen Herzogtum Braunschweig. Als Jüdin musste vor den Nazis fliehen und sich in den USA eine neue Existenz aufbauen.

Im Schlosshof und in der Schlosskapelle finden darüberhinaus regelmäßig Konzerte und Theater Aufführungen statt.

Oben: Westfassade des Weserrenaissance-Schlosses; unten: Eingangsportal

BURGBERG

Für Autofahrer auf der B64 zwischen Holzminden und Eschershausen ist der Burgberg ein Hindernis: von beiden Seiten steigt die Straße steil bergan. Doch es lohnt sich, auf dem kleinen Parkplatz direkt auf dem Kamm anzuhalten. Von dort ist es nur ein kurzer Fußweg bis zur Ruine der Eversteiner Stammburg hinauf, und im Frühjahr ist hier der Ausgangspunkt für die kleine Wanderung zur Orchideenblüte auf der Frauenschuhwiese.

Blick vom Burgberg in das Wesertal Richtung Holzminden und Höxter

www.naturpark-solling-vogler.de
www.solling-vogler-region.de

Der sich zwischen Bevern und Negenborn in West-Ost-Richtung erstreckende Burgberg ist in vielfacher Hinsicht ein Kleinod in der Landschaft: Unter seinen Buchenwäldern blühen im Frühjahr Lerchensporn und Bärlauch, an seinen steilen Hängen wachsen seltene Orchideen, auf seinem Gipfel sind die Überreste der **Stammburg** der Grafen von Everstein zu finden und mitten auf dem Kamm steht einer der letzten noch original erhaltenen Türme der ehemaligen optischen Telegrafenlinie Köln-Berlin.

Im Naturpark Solling-Vogler stellt der Burgberg bei Bevern ein Bindeglied zwischen den großen Waldgebieten von Solling und Vogler dar. Der Burgberg ist aber auch ein Fremdkörper, denn während Solling und Vogler aus Sandsteinen gebildet werden, besteht der Burgberg aus Kalkstein – an einigen kleinen Steinbrüchen kann man dies unmittelbar sehen, indirekt ist dies aber auch am Reichtum der seltenen Blütenpflanzen zu erkennen, die an den trockenen und sonnenbeschienenen Hängen ideale Lebensbedingungen finden. Extensiv bewirtschaftete Weiden reichen am Burgberg hoch hinauf – damit der Wald diese Flächen mit ihren seltenen Blütenpflanzen, die wiederum zahlreichen Insekten eine Nahrungsgrundlage bieten, nicht überwuchert, wird der Burgberg mit Schafen beweidet. Wenn man auf oder am Burgberg unterwegs ist, wird man fast immer eine Schafherde bei ihrer „Arbeit" für die Artenvielfalt entdecken können.

Ein seltenes Relikt bildet der **Turm der ehemaligen optischen Telegrafenlinie** auf dem Kamm des Burgberges: Zwischen 1832 und 1849 wurden mittels Signalmasten, die auf Türmen und Bergspitzen angeordnet waren, behördliche und militärische Nachrichten zwischen der preußischen Rheinprovinz und Berlin übertragen. Mit der Erfindung der elektrischen Telegrafie wurde das System überflüssig – insofern ist der Turm auf dem Burgberg ein Denkmal für einfallsreiche Kommunikation in der vor-elektrischen Zeit.

Oben: Turm der ehemaligen Telegrafenstation; unten: Schafe am Burgberghang

RÜHLER SCHWEIZ

Den Beinamen „Schweiz" haben eine Reihe mehr oder weniger bergiger Regionen in Deutschland bekommen – ob das in jedem Fall berechtigt ist, soll hier nicht bewertet werden. Feststeht, dass die Rühler Schweiz mit der serpentinenreichen Straße zwischen Golmbach und Rühle alpine Fahrerlebnisse bietet. Wanderer werden eigentlich nicht stärker herausgefordert als in anderen Teilen des Weserberglandes. Allerdings können sie sich hier im Frühjahr an einer besonders reichhaltigen Obstblüte erfreuen.

www.naturpark-solling-vogler.de
www.solling-vogler-region.de
www.samtgemeinde-bevern.de
www.kirschendorf-golmbach.com

Strukturreiche Landschaft in der Rühler Schweiz

Die Orte Golmbach und Rühle sind über eine kurvenreiche Landstraße miteinander verbunden, die sich über einen steilen Ausläufer des Voglers windet. Vor allem auf der Südseite dieses Ausläufers nahe der Ortschaft Golmbach haben sich am Berghang zahlreiche Kirschgärten erhalten, die zur Kirschblütenzeit das Landschaftsbild mit ihren Millionen von weiß leuchtenden Blüten verschönern. Von Golmbach aus führen einige Wanderwege und Info-Pfade durch das abwechslungsreiche Gebiet.

Zum Kirschbütenfest am letzten April-Sonntag tun sich die Gemeinden Golmbach, Reileifzen und Rühle zusammen, um gemeinsam die Kirschblüte mit verschiedenen Aktionen und Veranstaltungen zu feiern.

Ein Besuch lohnt sich aber auch im Hochsommer, wenn die Kirschen reifen und eine willkommene Stärkung beim Wandern bieten. Da die alten Kirschgärten meist nicht mehr landwirtschaftlich genutzt werden, fühlt sich meist niemand gestört, wenn man an heißen Sommertagen im Schatten der Bäume eine kleine Pause einlegt und die Seele baumeln lässt.

Oben: Morgenstimmung im Spätsommer
Unten: Kirschblüte im April

EBERSNACKEN

Der Ebersnackenturm auf der mit 460 Meter höchsten Erhebung des Voglers bietet den eindrucksvollsten Rundumblick im Weserbergland. Man hat hier das Gefühl, ganz oben zu stehen: Im Westen überblickt man das Wesertal und das Lipperland bis zum Teutoburger Wald. Im Norden und Nordwesten erstrecken sich Ith, Süntel und Wesergebirge. Im Osten kann man bei klarer Sicht bis zum Brocken im Harz schauen, und im Süden erhebt sich die breite Kuppe des Sollings. Der Ebersnacken ist nur zu Fuß auf Wanderwegen von Holenberg, Breitenkamp oder Heinrichshagen erreichbar.

www.solling-vogler-region.de

[Solling-Vogler-Guide]

AMELUNGSBORN

Das auf dem Odfeld gelegene ehemalige Zisterzienserkloster Amelungsborn hat schon den Dichter Wilhelm Raabe fasziniert. Raabes historischer Roman schildert das Kloster in den Wirren des Siebenjährigen Krieges – die Protagonisten, der ehemalige Klosterschüler Thedel von Münchhausen und Magister Noah Buchius, fliehen vor den französischen Truppen aus dem Kloster über das Odfeld bis zur Rothesteinhöhle im Ith.
In heutigen Friedenszeiten kann man sich an der Ruhe innerhalb des von einer hohen Mauer umgrenzten Bezirks erfreuen.

www.kloster-amelungsborn.de
www.solling-vogler-region.de
www.naturpark-solling-vogler.de

Blick in die ehemalige Klosterkirche

Eine Welt ganz aus Sandstein: Für das im 12. Jahrhundert auf dem Odfeld errichtete **Zisterzienserkloster Amelungsborn** wurde das Baumaterial in den nahe gelegenen Sandsteinbrüchen des Hooptales gewonnen. Nicht nur die Mauern der Gebäude sind aus dem rötlichen Sollingsandstein errichtet: Die Dächer wurden mit Dachsteinplatten gedeckt, der Fußboden der Klosterkirche besteht aus Sandsteinplatten, und auch Zäune wurden aus Sandsteinplatten errichtet. Die von einer hohen Sandsteinmauer umgebene Kloster- und Gutsanlage macht noch heute einen homogenen Eindruck, auch wenn der Kreuzgang bereits seit langem zerstört ist – sein Grundriss wurde mit Bodenplatten nachgezeichnet. Ansonsten ist der Klosterbezirk noch weitgehend erhalten, die Klosterkirche wurde allerdings am Ende des Zweiten Weltkrieges stark beschädigt, konnte jedoch wiederaufgebaut werden.

Oben: Die Klosterkirche im Abenddlicht
Unten: Der Kräutergarten

Gleichzeitig wurde auch das klösterliche Leben im Sinne der evangelisch-lutherischen Landeskirche nach dem Konzept des „Klosters auf Zeit“ wieder aktiviert. Das heißt, der Abt und die Mitglieder des Konventes und der Familiaritas sind keine Mönche, sondern Brüder in Christus, die „ihr Leben in der Welt verantwortlich gestalten“,

sich aber einmal im Monat für ein Wochenende in Amelungsborn zusammenfinden. Auch Gäste können zumindest hineinschnuppern in die Welt des Klosters – das Kloster ist Pilgerherberge auf dem Pilgerweg Loccum-Volkenroda, und auch zur Einkehr werden mehrtägige Veranstaltungen angeboten.

Die Klosterkirche ist täglich für Besucher geöffnet und auch Gottesdienste finden hier regelmäßig statt. Die Atmosphäre der Kirche ist einzigartig, denn das schlichte romanische Mittelschiff wurde im 14. Jahrhundert durch einen gotischen Chor erweitert. Durch die hohen Fenster des Chores wirkt dieser Teil der Kirche wesentlich heller. Außerdem erfolgte die Erweiterung nicht genau in der Fluchtlinie, sodass der Anbau des Chores leicht abgeknickt erscheint.

Lohnenswert ist ebenso der Besuch des nach historischem Vorbild angelegten Klostergartens, auch die von Schafen beweideten Streuobstwiesen im Klosterareal laden zum Spaziergang ein.

Das Kloster Amelungsborn wurde in Wilhelm Raabes Erzählung „Das Odfeld" literarisch verewigt. Dem Schriftsteller gelingt es dabei, die Beschreibung der Klosteranlage nach dem Wegzug der Klosterschule in die Weserstadt Holzminden sowie die Landschaft des Odfeldes und des Iths stimmungsvoll in die Darstellung historischer

Ereignisse im Siebenjährigen Krieg einfließen zu lassen.

Das Baumaterial für Amelungsborn wurde im benachbarten **Hooptal** gewonnen. Das enge Tal zieht sich von Stadtoldendorf bis Negenborn am Odfeld entlang. Nachdem dort jahrhundertelang Sandstein abgebaut wurde, macht es heute mit seinen zahlreichen verwilderten Steinbrüchen und Abraumhalden mit moosigen Trockenmauern einen wildromantischen Eindruck. In diesem durch menschliche Arbeit umgestalteten Tal haben zahlreiche geschützte Pflanzen und Tiere eine neue Heimat gefunden. Auf einem kleinen Pfad kann man direkt vom Kloster aus in das Tal hinabsteigen.

An Sonnentagen im Winter kommt die rote Farbe des Sandsteins besonders gut zur Geltung.

STADTOLDENDORF

Stadtoldendorf nennt sich „Stadt unter der Homburg". Direkt unterhalb der Homburg tun sich große weiße Krater auf, denn die Gipsvorkommen bei Stadtoldendorf werden gleich von mehreren Unternehmen ausgebeutet und verarbeitet. So führt der Weg von Stadtoldendorf zum einstigen Sitz der Homburger Herren durch ein geologisch interessantes Gebiet.

Der Försterbergturm

www.eschershausen-stadtoldendorf.de
www.stadtoldendorf-mkv.de
www.fpmammut.de

Gut zwei Kilometer muss man vom Wanderparkplatz am Schützenhaus bergan gehen, um zur Ruine der **Homburg** zu gelangen. Ein Verein kümmert sich um die Wiederherstellung der weitläufigen Burganlage, die momentan nur in Teilen betreten werden darf. Es ist zu hoffen, dass der noch teilweise erhaltene Turm bald wieder zugänglich ist. Den Herren von Homburg hat es Oldendorp zu verdanken, dass es im Jahre 1255 mit der Verleihung der Stadtrechte Stadtoldendorf wurde.

Das Wahrzeichen der Stadt ist indessen der **Försterbergturm**. Der ehemalige Wartturm stammt ursprünglich aus dem 13. Jahrhundert und gehörte zur Stadtbefestigungsanlage. Der prägnante Fachwerkaufbau wurde allerdings erst 1927 errichtet. Der Turm wird nur bei besonderen Anlässen für die Öffentlichkeit geöffnet. Es lohnt sich trotzdem, vom Stadtzentrum aus, auf schmalen steilen Straßen zum Turm hinaufzusteigen, denn auch vom Fuß des Turms hat man eine hervorragende Aussicht auf die Stadt und ihre Umgebung. Zahlreiche Baudenkmale zeugen noch heute von der abwechslungsreichen Geschichte des Ortes unter der Homburg.

Mit einer Weberei, Gipswerken und Steinbruchbetrieben war Stadtoldendorf im 19. und zu Beginn des 20. Jahrhunderts eine industriell geprägte Kleinstadt. Diese Betriebe wurden meist von jüdischen Unternehmern geleitet. Zeugnis dieser ehemals starken jüdischen Gemeinde ist der **jüdische Friedhof** nahe des Bahnhofes sowie ein Gedenkstein am Standort der ehemaligen Synagoge. Insgesamt 29 Stolpersteine zum Gedenken jüdischer NS-Opfer sind in der Stadt verteilt.

Ruine der Homburg

Noch etwas höher, aber immer noch nahe der Stadt wurde der **Kellbergturm** errichtet. Dieser Stahlgerüstturm ragt aus dem Wald des Kellbergs hervor und bietet einen eindrucksvollen Rundblick.

Wer mehr über die Geschichte Stadtoldendorfs erfahren möchte, sollte das **Freilicht-Museum am Mühlenanger** mit einer originalen Feldbahn besuchen. Das historische **Alte Rathaus** der Stadt ist zudem ein Ort für Ausstellungen und Konzerte.

Für Offroad-Fans ist der **Mammut Freizeitfahrpark** ein attraktives Ziel – auf einem 130 Hektar großen ehemaligen Militärgelände wurden zahlreiche Fahrstrecken für Geländewagen mit unterschiedlichen Schwierigkeitsgraden angelegt. Für Gäste aus der Ferne gibt es verschiedene Übernachtungsmöglichkeiten und einen Campingplatz.

Museum am Mühlenanger

HOLZBERG

Besonders im Frühling ist der bis zu 444 Meter hohe Holzberg bei Stadtoldendorf ein lohnenswertes Ziel für Wanderer. Ein Teilstück des Weserberglandweges führt über den Holzbergkamm durch Buchenwälder, deren Boden teilweise flächig mit Bärlauch und anderen Frühjahrsblühern bedeckt ist. Zudem gibt es immer wieder wunderbare Aussichten über eine reich strukturierte Landschaft.

ESCHERSHAUSEN

Eschershausen entstand einst an der Kreuzung der alten Heerstraßen von Köln über Höxter nach Braunschweig und von Hameln nach Einbeck.
Zwischen den Gebirgszügen von Ith, Hils, Homburgwald und Elfas gelegen eignet sich Eschershausen als Ausgangspunkt für Unternehmungen in der Natur.

Café und Museum
Gutshof Wickensen
April bis Oktober:
Sa, So und an Feiertagen 11-18 Uhr

www.eschershausen-stadtoldendorf.de
www.wickensen-kultur.de
www.gutshof-wickensen.de
www.erinnernsuedniedersachsen.de

Blick von den Ith-Klippen auf Eschershausen

Als Station auf der Postroute Braunschweig-Holzminden war Eschershausen vor Bau der Eisenbahnlinie zwischen Holzminden und Braunschweig eine wichtige Zwischenstation. Ende des 19. Jahrhunderts entdeckte man das seltene Naturasphaltvorkommen im Hils. Der Asphalt wurde in dem nahe gelegenen Gebirge unterirdisch abgebaut und in Eschershausen verarbeitet. Das bescherte dem kleinen Städtchen einen wirtschaftlichen Aufschwung, der erst zum Ende des 20. Jahrhunderts zum Erliegen kam. Gegenüber der technischen Asphaltherstellung aus Erdöl erwies sich der Naturasphaltabbau nun als nicht mehr konkurrenzfähig.

In der Endphase des Zweiten Weltkrieges sollten die Asphaltstollen für die Rüstungsproduktion genutzt werden. In der Nähe von Eschershausen wurden Lager für tausende Zwangsarbeiter eingerichtet. Bei Holzen erinnert ein Gedenkfriedhof an die zahlreichen Opfer des nationalsozialistischen Unterdrückungssystems. Auf einem Informationspfad kann man nahe des Dorfes Lenne die Überreste des damaligen **Lenner Lagers** für Zwangsarbeiter erkunden.

Im ehemaligen Amtshaus des nahe Eschershausen gelegenen Ortes **Wickensen** finden regelmäßig viel beachtete Konzerte statt. Ein besonderer Publikumsmagnet ist zudem das alljährliche Erntefest der Landjugend mit Traktorpulling in Wickensen. Und Fans historischer Motorräder kommen im **NSU-Motorradmuseum**, das sich ebenfalls in diesem kleinen Ort an der B64 befindet, auf ihre Kosten.

Wilhelm Raabe

1831 wurde in Eschershausen der Schriftsteller Wilhelm Raabe geboren. In seinem Geburtshaus wurde ein kleines Museum eingerichtet, das an den Wochenenden für Besucher geöffnet ist. Durch seinen anspruchsvollen und andeutungsreichen literarischen Stil ist Wilhelm Raabe zwar nicht leicht zu lesen, wer sich aber auf diesen realistischen Schriftsteller einlässt, den viele Literaturkenner zum Kanon der Weltliteratur zählen, wird mit einem Lesevergnügen belohnt, das zum Nachdenken und zur Reflexion einlädt.. Raabe zwar ist kein klassischer Regionalschriftsteller, aber viele seiner Werke spielen vor dem Hintergrund der Landschaft des Weserberglandes, deren Beschreibung die Lebenswirklichkeit der Protagonisten stimmungsvoll widerspiegelt.

Im Raabe-Haus ist ein kleines Museum eingerichtet – die wechselnden Öffnungszeiten sollten bei der Samtgemeinde Eschershausen-Stadtoldendorf (0 55 32 / 90 05-0) nachgefragt werden.

POLLE

Unterhalb der Burgruine ist die Überquerung der Weser auf der Poller Gierseilfähre ein besonderes Erlebnis. Die Fähre befindet sich inmitten eines der schönsten Abschnitte des Weserlaufes. Auch wenn keine direkte Notwendigkeit besteht, nutzen viele Ausflügler an den Wochenenden diesen Fährübergang – einfach, weil es so schön ist.

www.solling-vogler-region.de
www.muenchhausenland.de
www.polle-weser.de

Blick von der Burg auf die Poller Weserfähre

Die Poller Fähre; Bild unten: Blick von der Burg auf die Poller Kirche

Die **Burg Polle** ist eine bedeutende Landmarke im Weserbergland. Von der unmittelbar an der Weser gelegenen Burg bietet sich ein fantastischer Blick auf Fluss und Landschaft. Gerade im Hinblick auf die unterhalb der Burg verkehrende **Gierseilfähre** kann man sich gut vorstellen, dass die einstigen Raubritter von Polle Handelsschiffe auf der Weser gekapert und ausgeraubt haben.

Spitze und Kopf eines kleinen Hügels ist die Bedeutung des Wortes Poll, aus dem der Name Polle entstand. Von der Ruine der ehemaligen Eversteiner Burg auf dem besagten Hügel am Weserufer bietet sich aber nicht nur der schöne Panoramablick über das Wesertal, auch den am Berghang liegenden Ort kann man von hier gut überblicken. Von der Burg sind zwar keine vollständigen Gebäude mehr erhalten, aber die auf unterschiedlichen Plateaus errichteten hohen Mauern mit ihren hohlen Fensteröffnungen vermitteln einen anschaulichen Eindruck der einstigen Anlage.

Im Sommer werden hier von der Freilichtbühne Polle für große und kleine Märchenfans die **Aschenputtel(Cinderella)-Spiele** veranstaltet.

VON REILEIFZEN BIS RÜHLE

Über den Weserabschnitt zwischen Polle und Bodenwerder entlang der Klippen von Steinmühle hat im Jahre 1901 einer der ersten populären Reiseführer geschrieben: „Hier gelangen wir zu einem der romantischsten Punkte des Wesergebietes [...]. Dieses Fleckchen Erde zwischen Grave und Rühle ist wohl vielen Partien des Rheins gleichzustellen. Doch nirgends zeigt der Wald so schöne, bis oben bewaldete, Berge." Dem kann man auch heute nichts hinzufügen.

Die Weserklippen bei Steinmühle

www.solling-vogler-region.de
www.muenchhausenland.de

Der Weserabschnitt zwischen Polle und Bodenwerder mit seinen großen Flussschleifen, steil aufragenden Bergen und malerisch am Fluss gelegenen Dörfern ist prägend für das Bild des Weserberglandes: Von Brevörde führt die L428 in Serpentinen auf die **Ottensteiner Hochebene**. Diese von Linden gesäumte Straße bietet immer wieder spektakuläre Ausblicke auf das Wesertal. Auf der anderen Weserseite liegt das kleine Dorf **Reileifzen**, das Radfahrern und anderen Besuchern einen abwechslungsreich gestalteten Ort für entspannte oder aktive Pausen am Weserufer bietet. Bei Reileifzen liegen auch ehemalige Kiesseen und eine reaktivierte Auenfläche, die zahlreichen Vogelarten und Amphibien einen neuen alten Lebensraum bieten. Von zwei Beobachtungstürmen können Besucherinnen und Besucher die dort wieder heimisch gewordenen Tierarten ungestört beobachten.

Etwas stromabwärts können Radfahrer und Fußgänger bei Grave die Weser mit einer Solarfähre überqueren. Von Grave aus sind wiederum schon die **Weserklippen bei Steinmühle** zu erkennen. Dieser eindrucksvolle Prallhang mit Kliffen aus Muschelkalkformationen war schon im 19. Jahrhundert ein beliebtes Motiv für Maler und Lithographen. Die Klippen mit ihrer speziellen Lebenswelt sind streng geschützt. Vom Parkplatz bei Steinmühle direkt an der B83 gibt es aber einen Pfad, auf dem man zum **Senator-Meyer-Denkmal** hinaufsteigen kann. Von diesem Denkmal hat man einen wunderbaren Blick auf die Weserschleife und das gegenüberliegende Dorf Dölme.

Renaturierter Kiesabbau

Blick über Reileifzen in Richtung Grave und Steinmühle

Aussicht von der Landstraße zwischen Brevörde und Ottenstein

Der nächste lohnenswerte Aussichtspunkt liegt wiederum nur ein kleines Stück flussabwärts, allerdings auf der anderen Weserseite bei Rühle. Während das Senator-Meyer-Denkmal dem verdienten Gründer der Weserdampfschifffahrtsgesellschaft gewidmet ist, markiert das **Denkmal für Herzog Wilhelm** auf dem **Weinberg bei Rühle** den an der Weser endenden Herrschaftsbereich des ehemaligen Landes Braunschweig. Der steile Berg, den man über über einen schmalen romantischen Pfad besteigt und dessen Hänge von Schafen beweidet werden, um die mit Orchideen und anderen seltenen Pflanzen bestandenen Offenflächen zu erhalten, bietet einen der meist fotografierten Ausblicke auf die Weser und das Weserbergland. Über Rühle blickt man vom Weinberg auf die Weser am Breitenstein und auf den charakteristischen Weserarm bei Pegestorf auf der anderen Flussseite.

Das Herzog Wilhelm-Denkmal

Blick auf Rühle vom Weinberg

OTTENSTEIN

Von Brevörde aus führt eine schmale Straße in Serpentinen auf die Ottensteiner Hochebene. Innerhalb von wenigen Minuten gelangt man aus dem lieblichen Wesertal auf eine von Freiflächen dominierte Hochebene. Rings um eine Burg entstand im Mittelalter das Dorf Ottenstein. Die Burg ist noch heute ein Anziehungspunkt. Das dortige Restaurant veranstaltet unter anderem das überregional bekannte Ottensteiner Rittermahl.

www.ottensteiner-hochebene.de
www.burgottenstein.de

Die Hattenser Kirche auf der Ottensteiner Hochfläche

Von Brevörde aus führt eine schmale Straße in Serpentinen auf die Ottensteiner Hochebene, von der aus sich fantastische Ausblicke auf das Wesertal bieten. Während andernorts im Weserbergland die Höhen von Wäldern bedeckt sind, ist diese bis zu 376 Meter hohe Hochfläche von Landwirtschaft und an einigen Stellen auch von Windrädern geprägt. Die Landschaft hat ihren eigenen Charme, der auch dadurch hervorgehoben wird, dass die Zufahrtsstraßen, ob von Brevörde im Südosten oder von Pyrmont im Nordwesten, schmal und kurvenreich sind. Teilweise führen die Straßen auch durch dicht bewaldete enge Täler, die einen landschaftlich reizvollen Kontrast zu der Hochfläche bilden.

Nahe Ottensteins liegt die **Kapelle Hattensen** als das letzte sichtbare Zeichen des im Mittelalter wüst gefallenen Dorfes Hattensen. Seit 1840 wird die Kapelle als Friedhofskapelle von Ottenstein genutzt. Eines der ältesten Denkmäler auf dem Friedhof ist bis heute erhalten: das **Grab Antonio Congos**, dem Sohn eines afrikanischen Häuptlings. Antonio Congo wurde von einem Hamburger Kaufmann als Sklave gekauft, zum Christentum bekehrt, freigelassenen und zum Tischlergesellen ausgebildet. Seine Wanderschaft führte ihn nach Ottenstein, wo er erkrankte und am 11. Januar 1843 im Alter von 32 Jahren starb. Wer ihm das aufwendige Grabmal setzte, ist unbekannt. Gerade die ungeklärten Aspekte der schicksalsvollen und ungewöhnlichen Geschichte Antonio Congos hat bisher eine Autorin und einen Autor zu anschaulichen Romanen angeregt: „Antonio Congo“ von Christa Langer-Löw sowie „Der Sklave und sein Händler“ von Wolfgang Sorge.

Das Grabmal des Antonio Congo vor der Hattenser Kirche

BODENWERDER

Als Münchhausenstadt hat Bodenwerder an der Weser weltweite Bekanntheit errungen. Kein Wunder, dass man im Ort gleich eine ganze Reihe von Münchhausen-Denkmälern findet, die Stadtverwaltung im „Münchhausen-Schloss" residiert und das Münchhausen-Museum einen der größten Anziehungspunkte des Ortes darstellt. Im Sommer darf das Münchhausen-Spiel selbstverständlich nicht fehlen.

Münchhausen-Museum
April bis Oktober
täglich geöffnet von 10-17 Uhr

www.muenchhausenland.de
www.muenchhausen-museum-bodenwerder.de
www.klosterkirche-kemnade.de

Rathaus Bodenwerder

Im Prinzip sind die Lügengeschichten des Freiherrn von Münchhausen doppelte Lügengeschichten, denn der in Bodenwerder geborene Hieronymus Carl Friedrich Freiherr von Münchhausen (1720-1797) ist nicht der offizielle Autor dieser abenteuerlichen Geschichten. Gottfried August Bürger veröffentlichte 1786 die „Wunderbare Reisen zu Wasser und zu Lande – Feldzüge und lustige Abenteuer des Freiherrn von Münchhausen" - die darin enthaltenen Geschichten sind zwar teilweise Übersetzungen der Münchhausen-Geschichten des in London lebenden Gelehrten Rudolf Erich Raspe, aber Gottfried August Bürger wurde schließlich der Bestseller-Autor. Ob Münchhausen nun der Titel „Lügenbaron", den er für sich selbst abgelehnt hat, tatsächlich gebührt, kann nicht abschließend entschieden werden, denn bei diesen Geschichten handelt es sich um mündliche Erzählungen, die durch Hörensagen weitergegeben und dabei vermutlich fantasievoll ausgeschmückt wurden. Gleichwohl, seiner Heimatstadt Bodenwerder hat Münchhausen Weltruhm

Das Münchhausen-Museum

Münchhausen-Denkmal vor Bodenwerders Rathaus, dem „Münchhausen-Schloss"

Blick vom Bismarckturm auf Bódenwerder

Blick von der Königszinne

eingebracht - und beim **Münchhausen-Spiel** kann man in den Sommermonaten einem Münchausen-Darsteller im Kreise seiner begierigen Zuhörer dabei folgen, wie ihm die Fantasie auf schier unglaubliche Erzählwege führt.

Dem Baron von Münchhausen sind in Bodenwerder ein Museum, Skulpturen und Denkmäler gewidmet. Die Stadtverwaltung residiert sogar im ehemaligen Herrenhaus der Familie von Münchhausen. Der Brunnen vor diesem „Schloss Münchhausen" stellt ein trinkendes Pferd dar, dessen Hinterleib fehlt. Sein Reiter schaut sich derweil verwundert um, weil es nicht aufhört zu trinken – die Skulptur symbolisiert damit eine der bekanntesten Münchhausen-Geschichten.

Unweit des Rathauses findet man das **Münchhausen-Museum**. Dieses Museum dokumentiert die Entwicklung der Münchhausen-Geschichten zum Weltbestseller und stellt diese Erzählungen in einen Zusammenhang mit den historischen Ereignissen des 18. Jahrhunderts.

Der Ortsname Bodenwerder weist auf die einstige Lage der Stadt auf einer Weserinsel (Werder) hin. Von oben betrachtet, ist die – aus Verteidigungsgründen vorteilhafte – Insellage noch heute erkennbar. Der vormalige Weserarm wurde erst in den 1930er Jahren zugeschüttet. Vom **Bismarckturm** oder der **Königszinne**, die sich beide auf dem östlichen Weserufer befinden und auf recht kurzen, aber steilen Fußwegen erreichbar sind, kann man sich einen Überblick verschaffen.

Weitere Anziehungspunkte für Besucher sind eine **Sommerrodelbahn** mit 950 Metern Streckenlänge, gleich neben der Rodelbahn die Münchhausen-Grotte, in der

Der „Werfthof" am Weserufer ist ein nach historischen Vorbild gefertigtes Werkstattgebäude. In seinem Innern soll ein Weser-Aquarium zukünftig die heimische Fisch- und Wasserwelt präsentieren.

Der Baron von Münchhausen wurde in der Klosterkirche St. Marien in Kemnade beigesetzt. Die romanische Kirche des 960 gegründeten Klosters ist auch darüber hinaus einen Besuch wert. Sie gilt als typisches Beispiel für die salische Architektur. Die Kirche ist Station auf dem Pilgerweg Loccum-Volkenroda.

Münchhausen besonders gern seine Geschichten erzählt haben soll, ein Weseraquarium in der Stadtmitte in einem nach historischen Vorbild rekonstruierten Bau eines Werkstattgebäudes sowie das neu gestaltete Weserufer mit Promenade und verschiedenen Einkehrmöglichkeiten.

Münchhausens Grabstätte befindet sich übrigens in der mehr als 1000 Jahre alten romanischen **Klosterkirche von Kemnade**, einem Ortsteil von Bodenwerder. Die Kirche ist eine Station und ein beliebtes Zwischenziel auf dem Pilgerweg Loccum-Volkenroda, auch vom Weserradweg ist sie schnell zu erreichen. In den Sommermonaten ist die Kirche täglich geöffnet. Von der einstigen Klosteranlage sind heute nur noch Fragmente erhalten.

BUCHHAGEN

Manche Orte scheinen das Besondere anzuziehen: Das kaum 50 Einwohner zählende Dörfchen Buchhagen am Rand des Voglers gehört ganz sicher dazu. Rund um den Hof der Adelsfamilie von Hake entstanden höchst unterschiedliche Unternehmungen und Projekte: Das Kulturzentrum „Kulturmühle Buchhagen“, die Mittendorf-Gastronomie sowie das „Deutsche Orthodoxe Heilige Dreifaltigkeitskloster“.

Das Mühlen-Café der Kulturmühle Buchhagen ist regelmäßig sonntags von 14-18 Uhr geöffnet.

www.buchhagen.org
www.kommune-buchhagen.de
www.mittendorf-gastronomie.de
www.orthodox.de

Das orthodoxe Kloster am Hang des Voglers

Die ehemalige Sandsteinschleifmühle Buchhagen vor den Toren Bodenwerders wurde zur **Kulturmühle Buchhagen** umgebaut – einem Veranstaltungszentrum mit Ausstellungen, Konzerten und Vorträgen. An den Wochenenden ist zudem das Café der Kulturmühle geöffnet und lockt mit selbstgebackenem Kuchen.

Ebenso wie im Solling wurde auch im Vogler jahrhundertelang Sandstein abgebaut. Zahlreiche Baudenkmäler wurden aus Sandstein errichtet – neben der Kulturmühle beispielsweise die Kirche in Bodenwerder sowie die mehr als 1000 Jahre alte Klosterkirche Kemnade. Eine Besonderheit des hier vorkommenden Sandsteines ist seine hohe Spaltbarkeit. Dadurch konnten Fußboden- und Dachplatten aus dem Stein gewonnen werden. In den Steinschleifmühlen wurden diese Platten mit Hilfe von Wasserkraft glatt geschliffen.

Neben der Kulturmühle ist Buchhagen vor allem durch die Mittendorf-Gastronomie bekannt. Das mit großen Sälen ausgestattete Gasthaus bietet den Rahmen für zahlreiche Festveranstaltungen.

Oberhalb des kleinen Ortes wurde am Hang des Voglers im Jahre 1990 das erste deutsche orthodoxe Kloster gegründet. Das mönchische Leben im Dreifaltigkeitskloster Buchhagen folgt der Überlieferung des Heiligen Berges Athos. Neben einem Klosterladen gibt es unter anderem das Angebot, Zeit im Kloster zu verbringen.

Die ehemalige Steinschleifmühle wurde komplett aus Sandstein errichtet.

WESTERBRAK

Der frühbarocke Garten des seit 1618 bestehenden Rittergutes Westerbrak wurde von den Besitzern mit Unterstützung der „Niedersächsischen Gesellschaft zur Erhaltung historischer Gärten" liebevoll restauriert. Die Anlage hat einiges vom einstigen Charme zurückerhalten und ist öffentlich zugänglich.

HEHLEN

Schloss Hehlen ist eines der ersten sogenannten Weserrenaissance-Schlösser im Weserraum. Ebenfalls sehenswert ist die kleine Immanuel-Kirche im Ortskern. Der achteckige Zentralbau ist etwa 100 Jahre später als das Schloss im Stil des Weserbarock entstanden.

Das Schloss wird von einem Wassergraben umgeben.

www.die-schlosswirtschaft.de
www.hehlen.de

Im Jahre 1579 begann mit dem Bau des **Wasserschlosses Hehlen** die Errichtung einer Reihe von Adelsschlössern der Renaissance entlang der Weser. Eine Zugbrücke führt über den umlaufenden Wassergraben zu dem eher schlichten Schloss. Das Schloss ist in Privatbesitz und kann leider nicht besichtigt werden. Den besten Blick auf das Schloss hat man vom anderen Weserufer, das man über eine kleine Weserbrücke zwischen Hehlen und Daspe erreicht. Von hier ist auch der Schlosspark erkennbar. Eine kleine Allee mit allegorischen Figuren führt hier auf der Weserseite zum Eingangsbereich des Schlosses.

Oben: Immanuel-Kirche
unten: Schloss von der Weser aus

Die im ehemaligen Kälberstall auf dem Schlossareal betriebene Schlosswirtschaft ist eine Mischung aus Restaurant und Café und bietet seinen Gästen regionale und saisonale Küche. Nachmittags gibt es selbstgebackenen Kuchen auf der Weserterrasse. Dazu werden frisch geröstete Kaffeespezialitäten serviert.

HAJEN

In dem kleinen und beschaulichen Dorf Hajen trifft man am Ortsrand auf einen Aspekt der Wesergeschichte, der längst in Vergessenheit geraten ist – das Treideln.
Die Pilger, die auf dem Pilgerweg Loccum-Volkenroda unterwegs sind und in der Hajener Dorfkirche einkehren, haben es heute etwas einfacher als die „Leinenzieher".

Dorfkirche Hajen

www.emmerthal.de
www.kultur-emmerthal.de

Bevor die Dampfmaschine erfunden wurde, mussten Schiffe flussaufwärts getreidelt werden: Sie wurden von Menschen oder Tieren an langen Seilen gezogen. Auf den im 17. Jahrhundert entstandenen Merian-Stichen von bedeutenden Orten, Burgen und Schlössern an der Weser sind immer wieder Treidelzüge dargestellt. Was auf den Stichen recht beschaulich wirkt, war eine erbarmungslos harte Arbeit: Gerade an der Weser mit ihrer hohen Fließgeschwindigkeit mussten Mensch und Tier besonders schwer schuften, um die Schiffe flussauf zu ziehen. Das Treidlerdenkmal am Weserufer des Dorfes Hajen erinnert an diese körperlich extrem belastende Arbeit und stellt das Leiden der Treidler, die auch Leinenzieher genannt wurden, mit ihren erschöpften Gesichtsausdrücken sehr plastisch dar. Direkt am Weserradweg gelegen, können Radfahrer hier eine Pause einlegen und dürfen sich freuen, dass die Reise am Fluss in heutigen Zeiten deutlich entspannter ist.

Es lohnt sich aber auch, vom Radweg einen kleinen Abstecher in das Dorf Hajen zu unternehmen – der Hof der Familie von Korff mit einem prächtigen Renaissance-Torbogen und einem Brunnen sowie vor allem die romanische Dorfkirche sind überaus sehenswert. Die Kirche am Pilgerweg Loccum-Volkenroda fungiert als Pilgerkirche und ist in den Sommermonaten täglich geöffnet.

Das Treidlerdenkmal erinnert an die harte Arbeit der Leinenzieher an der Weser.

BÖRRY

Das fruchtbare Wesertal wird seit jeher landwirtschaftlich genutzt. Die Art der Bearbeitung hat sich jedoch in den letzten Jahrzehnten massiv gewandelt. Im Museum für Landtechnik und Landarbeit wird dieser Wandel anschaulich dargestellt, und man kann sich ein gutes Bild davon machen, wieviel Handarbeit einstmals nötig war, um Lebensmittel zu erzeugen.

Die Dorfkirche von Niederbörry zählt zum Ensemble des Museums.

Museum für Landtechnik
und Landarbeit Börry
April - Oktober
Sa 14-17 Uhr
So und an Feiertagen 10-17 Uhr

www.museum-landtechnik.de

Das „Museum für Landtechnik und Landarbeit" in Börry basiert auf der Idee, die Veränderungen der Landwirtschaft dokumentieren zu wollen. Private Sammlungen alter landwirtschaftlicher Maschinen und Arbeitsgeräte bildeten den Grundstock des Museums, das heute aus fünf originalgetreu eingerichteten Gebäuden besteht. Ein ehemaliges Wohnhaus, das „Gravehaus", eine Scheune, ein Backhaus, ein Pfarrhaus und die Niederbörryer Kirche bilden ein historisch ausgestattetes Ensemble, das die Besucherinnen und Besucher in alte Zeiten zurückversetzt. Das Museumsfreigelände erstreckt sich über fast 8000 Quadratmeter.

Die ausgestellten Objekte sind zumeist noch funktionstüchtig und vermitteln sehr anschaulich die Entwicklung der Landarbeit und die damit einhergehende harte Arbeit der Landbevölkerung.

Das Museumsgelände dient jedoch nicht nur Ausstellungszwecken. Es finden auch Konzerte statt, und im Konferenzraum des Pfarrhauses werden regelmäßig Vorträge angeboten. In der Kirche werden Gottesdienste gefeiert, Paare lassen sich dort trauen und Kinder werden getauft.

Diese Hühner dürfen sich darüber freuen, dass sie in einem traditionellen Hühnerstall und nicht in einer von Massentierhaltung geprägten Anlage leben dürfen.

GROHNDE

Eine Fährfahrt über die Weser ist stets ein Akt der „erzwungenen" Entspannung – sich der Geschwindigkeit des Flusses anzupassen, ist ein kleines Stück Schicksalsergebenheit. An der Grohnder Fähre wird diese Entspannung besonders groß geschrieben, denn das Wirtshaus auf der östlichen Weserseite lädt dazu ein, die Pause ein wenig zu verlängern.

Gegenüber vom Kernkraftwerk Grohnde liegen die sogenannten Latferder Klippen – Steinformationen, die nur bei Niedrigwasser sichtbar werden.

www.emmerthal.de
www.grohnder-faehrhaus-wirtshaus.de

Der direkt an der Weser gelegene Biergarten des Wirtshauses **Grohnder Fährhaus** ist bei Radfahrern auf dem Weserradweg genauso beliebt wie bei Gästen aus der Umgebung, die die entspannte Atmosphäre an der Gierseilfähre genießen wollen. Die Fähre gelangt ohne Motorkraft von Ufer zu Ufer – es muss durch die unterschiedliche Straffung der Seile lediglich die Stellung der Fähre zur Strömung verändert werden, schon wird die Fähre sanft zum anderen Ufer getragen. Ein großer Spielplatz trägt dazu bei, dass sich hier alle Altersgruppen wohlfühlen können. Dank zahlreicher weiterer Angebote für unterschiedliche Besuchergruppen hat sich das Wirtshaus an der Fähre zu einem touristischen Zentrum im Weserbergland entwickelt.

Von der Grohnder Seite aus durchquert man zunächst ein Tor, hinter dem sich der Blick auf das Wesertal öffnet, um zur Fähre zu gelangen.

Der Name Grohnde ist überregional vor allem durch das gleichnamige Kernkraftwerk bekannt geworden, vor dessen Bau es mit der „Schlacht um Grohnde" 1977 eine der schwersten Auseinandersetzungen zwischen Atomkraftgegnern und der Polizei gegeben hat. Ende 2021 wird das Kraftwerk abgeschaltet. Die Geschichte ist damit aber längst nicht zu Ende, denn der Rückbau wird Jahrzehnte dauern und die Frage der Atommüll-Endlagerung ist nach wie vor offen, sodass das stark gesicherte Gelände zwischen Grohnde und Emmerthal wohl noch lange bestehen bleiben wird.

Blick von der Fährstelle am östlichen Weserufer auf Grohnde

BAD PYRMONT

Die Pyrmonter Quellen wurden schon von Römern und Germanen genutzt. Ein Höhepunkt in der Geschichte war zweifellos der „Pyrmonter Fürstensommer" 1681, als zahlreiche europäische Herrscher in Pyrmont zu Gast waren. Mehr als die heilende Wirkung des Pyrmonter Wassers lockt heute das Wellness-Angebot des Kurortes. Und auch der weitläufige Kurpark mit dem einzigartigen Palmengarten und die zahlreichen klassizistischen Bauten machen einen Besuch lohnenswert. Das Museum im Schloss informiert über die Historie des legendären Badeortes.

Museum Bad Pyrmont
Schloßstraße 13
31812 Bad Pyrmont
Di–So 10–18 Uhr

www.museum-pyrmont.de
www.badpyrmont.de
www.staatsbad-pyrmont.de

Der Wasserlauf der Unteren Hauptallee

Prachtvolle Kurhäuser, ein europaweit bedeutender Kurpark sowie zahlreiche Hotels und Villen im Stadtgebiet zeugen von der Anziehungskraft der Kurstadt Bad Pyrmont. Die Heilkraft der Quellen Bad Pyrmonts war schon in römisch-germanischer Zeit bekannt. Das wird zum Beispiel durch den Pyrmonter Brunnenfund belegt, dessen etwa 300 bronzenen Fibeln, römische Denare und eine emaillierte Schöpfkelle aus dem zweiten Jahrhundert stammen und heute im **Museum Pyrmont** im Schloss gezeigt werden.

Das Schloss beherbergt das Museum.

Auch aus dem Mittelalter gibt es Hinweise auf die Nutzung der Pyrmonter Heilquellen. Ab dem 16. Jahrhundert erleben die Quellen großen Zulauf. 1681 kommen zum Pyrmonter Fürstensommer hohe Adlige aus ganz Europa zu einem Treffen und zur Kur nach Pyrmont. Damit zählt Bad Pyrmont unzweifelhaft zu den traditionsreichsten Bädern Deutschlands, wenngleich das heutige Bad erst 1668 durch Fürst Georg Friedrich von Waldeck gegründet wurde.

Um die eindrucksvolle **Hauptallee** wurde die Neustadt planvoll angelegt. Neben den Kuranlagen, die im Laufe der Jahrhunderte von mächtigen Herrschern ebenso wie von Dichtern und Künstlern aufgesucht wurden, ist das zu Beginn des 18. Jahrhunderts neu errichtete **Schloss** mit seinem **Museum** ein Anziehungspunkt für

Die Hauptallee führt auf den Brunnenplatz mit dem Tempel über dem „Hylligen Born".

Bunt blühende Beete vor dem Parkpalais im Kurpark.

Der Palmengarten

Besucher. Neben der sehenswerten Dauerausstellung über die einzigartige Geschichte der Kurstadt werden regelmäßig sehr interessante Sonderausstellungen gezeigt.

Der weitläufige Bad Pyrmonter **Kurpark** weist sehr unterschiedliche Elemente auf: Von großer Attraktivität und europaweiter Bekanntheit ist der **Palmengarten** im Kurpark, in dem etwa 300 Palmenarten und 400 subtropische Gewächse eine mediterrane Atmosphäre schaffen, aber auch der **Telemann-Garten** rund um das historische Teehaus ist ein Muss für Gartenliebhaber. Insgesamt umfasst der Kurpark 17 Themengärten, in denen jährlich etwa 200.000 Blumen in ausgefeilten Mustern und besonderen Sorten in die Erde gesetzt werden.

Neben den verschiedenen Quellen und den Kuranlagen, die sich rund um den **Hylligen Born** und die Hauptallee, aber auch über den **Bergkurpark** bis hinauf an den Wald erstrecken, bietet Bad Pyrmont für Besucherinnen und Besucher zahlreiche Wellness- und Erlebnis-Angebote. So lädt die **Hufeland-Therme** zu vielfältigen Wellnessformen in gediegener Atmosphäre ein, während im Erlebnisbad „**Welle**" auch Kinder auf ihre Kosten kommen. Gleich neben der „Welle" liegt der Pyrmonter **Tierpark**, der eine Reihe exotische Tierarten beherbergt und es sich auf die Fahnen geschrieben hat, Menschen und Tiere möglichst nahe zusammenzubringen.

Auch regelmäßige Veranstaltungen wie der „Historische Fürstentreff", das „Kleine Fest im Großen Kurpark" oder der „Goldene Sonntag" locken in den Sommermonaten mit unterhaltsamen Darbietungen Gäste in das Kurbad.

Unten: Das von einer Graft umgebene Schloss; oben: Springbrunnenallee im Kurpark

SCHWÖBBER

Erhalt und Unterhalt historischer Baudenkmäler sind stets kompliziert und kostspielig. Nicht jedes Gebäude kann für die Öffentlichkeit zugänglich bleiben. Die Nutzung als luxuriöses Hotel und Restaurant – wie im Falle von Schwöbber – bietet immerhin die Möglichkeit, für kurze Zeit an der fürstlichen Pracht zu partizipieren.

Parkbesichtigung auf Anfrage
05154-70600

www.schlosshotel-muenchhausen.com

Die Südfassade von Schloss Schwöbber

In der zweiten Hälfte des 16. Jahrhunderts entstanden, zählt Schloss Schwöbber zu den bedeutendsten Baudenkmalen der Weserrenaissance. Der Bau wurde von Hilmar von Münchhausen beauftragt. Das Schloss blieb immerhin bis 1920 im Besitz eines Zweiges der Familie von Münchhausen, daraus folgt die inoffizielle Bezeichnung „Münchhausen-Schloss".

Der **Schlosspark** Schwöbber war einst berühmt durch seine exotischen Zierpflanzen. Wegen der Ananaskultur hat sogar Zar Peter dem Großen Schloss Schwöbber einen Besuch abgestattet.

Ab 1750 wurde der Sc hlosspark als eine der ersten Gartenanlagen in Deutschland im Stil eines englischen Landschaftsparks umgestaltet. Diese Gestaltung wurde in den folgenden Jahrhunderten weiterentwickelt und – nach einigen Jahren des Niedergangs – jetzt wieder in Stand gesetzt. Die Besichtigung des Parks ist auf Anfrage möglich.

Als „Schlosshotel Münchhausen" hat das Schloss in den vergangenen Jahren den alten Glanz zurückerlangt. Das Fünf-Sterne-Hotel kann mit einem Sterne-Restaurant aufwarten und empfiehlt sich als wahrhaft luxuriöses Ressort in der Region des Weserberglandes.

Mit Konzerten und Lesungen leistet das Schlosshotel auch einen Beitrag zum Kulturprogramm der Region.

Beim Aufenthalt im Schlosshotel Münchhausen kommen „fürstliche" Gefühle auf.

HÄMELSCHENBURG

Um einen reibungslosen Besucherverkehr zu den „Reichserntedankfesten“ 1933 bis 1937 auf dem Bückeberg bei Hameln zu ermöglichen, wurde die Trasse der Straße zwischen Pyrmont und Hameln von den Nazis direkt durch das Schlossgelände gelegt. Bei der Besichtigung der Anlage muss man deshalb auf den Verkehr achten. Trotzdem lohnt es sich, diesem herausragenden Bauwerk der Weserrenaissance einen Besuch abzustatten.

Rittergut Hämelschenburg
Schlossstr. 1, 31860 Emmerthal
Tel. 05155-951690
Schlossführungen
April und Oktober
11, 12, 14, 15 und 16 Uhr
Mai-September
10, 11, 12, 14, 15, 16 und 17 Uhr

www.schloss-haemelschenburg.de
www.weserbergland-tourismus.de

Die St. Marien-Kirche (links vor dem Schloss) ist als erste freistehende evangelische Kirche in Deutschland erbaut worden.

Als das prächtigste Baudenkmal der Weserrenaissance gilt das **Schloss Hämelschenburg**. Der Name stammt von einer älteren Burganlage, die von einem Feuer im 16. Jahrhundert vernichtet wurde. Der Bau des Schlosses wurde 1588 begonnen: eine Dreiflügelanlage mit zwei achteckigen Treppentürmen. Alle Bauteile des Schlosses sind reich dekoriert: Gewände, Türrahmungen und vor allem die Giebel der Zwerchhäuser. Der Kerbschnittbossenstein wurde als Mittel der regelmäßigen Flächengestaltung eingesetzt. Zusammen mit Kirche und Wirtschaftshof bietet Hämelschenburg ein einzigartiges Ensemble der Renaissance im Weserraum.

Die Anlage ist bereits seit 1437 im Besitz der Familie von Klencke. Die Familie Lippold von Klencke hat das Schloss als privates **Museum** vor einigen Jahrzehnten teilweise zugänglich gemacht. In den Sommermonaten kann man die teils vollständig erhaltenen historischen Räumlichkeiten besichtigen. Im Wirtschaftshof wurden ein **Museumsshop** und ein **Café** eingerichtet.

Die in das Schlossensemble eingebettete **St.-Marien-Kirche** ist das erste evangelische Kirchengebäude in Deutschland. Der Renaissanceschmuck im Innern ist weitgehend originalgetreu erhalten. Die Kirche wurde bereits 1563 geweiht und wird heute als Gemeindekirche für den Ort Hämelschenburg genutzt.

Direkt vor der prachtvollen Renaissance-Fassade des Schlosses Hämelschenburg führt eine Straße entlang.

OHRBERGPARK

Vor allem im späten Frühjahr ist der Ohrbergpark mit seinen prachtvollen Rhododendron- und Azaleensträuchern ein Anziehungspunkt für Pflanzen- und Parkliebhaber. Aber auch zu anderen Jahreszeiten lädt die großzügige Landschaftsparkanlage mit seinem verzweigten Wegesystem zwischen eindrucksvollen, teilweise noch aus der Entstehungszeit des Gartens im frühen 19. Jahrhundert stammenden Bäumen, zum Spaziergang ein. Von einer Aussichtsterrasse hat man einen wunderbaren Blick auf die Weser und das Gut Ohr.

BÜCKEBERG

Eine riesige Freifläche und ein paar überwachsene Fundamente – mehr ist nicht geblieben von der Anlage, auf der von 1933 bis 1937 mit dem „Reichserntedankfest" die neben dem „Reichsparteitag" größte Massenveranstaltung der Nazis stattgefunden haben. Die Fläche nahe des Ortes Hagenohsen bei Hameln sieht aus wie eine normale Wiese, wurde aber für die NS-Veranstaltung mit viel Aufwand umgestaltet. Der Dokumentations- und Lernort Bückeberg soll über Intention und Durchführung dieser Propagandaveranstaltungen aufklären.

www.dokumentation-bueckeberg.de
www.gelderblom-hameln.de

Der Umgang mit dem Erbe der Nazidiktatur hat sich im Laufe der Jahrzehnte immer wieder gewandelt. In den ersten beiden Jahrzehnten nach dem Ende des Zweiten Weltkrieges war der Umgang mit der NS-Geschichte von Verdrängung geprägt. Dann rückten endlich die Opfer in den Blick. Inzwischen wird auch die Beschäftigung mit den Tätern wichtiger, denn die Frage, wie es zur NS-Terrorherrschaft kommen konnte, lässt sich sonst nicht beantworten. Die Massenveranstaltungen der nationalsozialistischen **„Reichserntedankfeste“** auf dem Bückeberg bei Hameln werden von Historikern in eine Reihe gestellt mit den NSDAP-Reichsparteitagen in Nürnberg und den Mai-Feiern auf dem Tempelhofer Feld in Berlin. Der Hang des Bückeberges wurde für diese Propagandafeier, an denen hunderttausende Menschen teilnahmen, zwar baulich stark verändert, ungeschulten Augen fällt das allerdings kaum auf. So geriet diese Stätte in den Nachkriegsjahrzehnten in Vergessenheit. Im Zuge der fortschreitenden Aufarbeitung der NS-Geschichte geriet auch der Bückeberg stärker in den Fokus von Historikern, denn den Nazis war es offenbar gelungen, durch die Mobilisierung von Massen für Propagandaveranstaltungen ihren Begriff der Volksgemeinschaft in der deutschen Bevölkerung zu verankern. Der Bückeberg wird nun zu einem **Dokumentations- und Lernort** ausgebaut, an dem man mehr über die Hintergründe der von 1933 bis 1937 veranstalteten „Reichserntedankfeste“ erfahren kann.

HAMELN

Die Sage vom Rattenfänger von Hameln kennen weltweit etwa eine Milliarde Menschen. So verwundert es nicht, dass Hameln mit Abstand die bekannteste und meist besuchte Stadt im Weserbergland ist. Es lohnt sich aber nicht nur, auf die Spuren des Rattenfängers zu gehen, auch die zahlreichen historischen Bauwerke aus unterschiedlichen Epochen in der Hamelner Altstadt laden zum Bummeln ein.

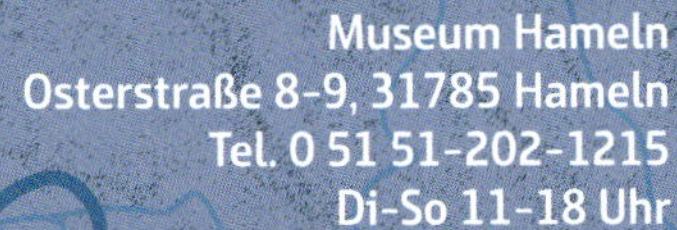

Museum Hameln
Osterstraße 8-9, 31785 Hameln
Tel. 0 51 51-202-1215
Di-So 11-18 Uhr

Automobilmuseum im Hefehof
HefeHof 2, 31785 Hameln
Fr 15-18 Uhr, Sa 11-15 Uhr

Musical „Rats“
Hochzeitshausterrasse
Mai-September, Mi 16.30 Uhr

Rattenfänger-Freilichtspiel
Hochzeitshausterrasse
Mai-September, So 12 Uhr

www.hameln.de
www.museumhameln.de
www.museen-hameln-pyrmont.de
www.theater-hameln.de
www.sumpfblume.de
www.hefehof.de
www.kletterwald-hameln.de

An belebten Tagen in der warmen Jahreszeit sind die Hamelner nicht unter sich in den Straßen und Gassen der Innenstadt. Auf einem mittelalterlichen Grundriss, dessen Halbkreis sich zur Weser öffnet, ist diese Innenstadt architektonisch von Gebäuden unterschiedlicher Epochen geprägt, die eine unvermutete Einheit bilden. Besondere Anziehungspunkte und beliebte Fotomotive sind dabei die prächtig geschmückten Bürgerhäuser der Renaissance sowie einige eindrucksvolle Steinbauten aus dem Mittelalter an den Hauptadern der Fußgängerzone **Osterstraße** und **Bäckerstraße**. In den umliegenden schmalen Gassen findet man eher eine pittoreske Fachwerkbebauung. Touristen aus aller Welt bestimmen das Bild und das Stimmengewirr des städtischen Lebens. Die Menschen bewundern zwar die engen mittelalterlichen Gassen und die prachtvollen Bürgerhäuser, aber eigentlich folgen sie dem Lockruf des Rattenfängers. Dessen Sage hat es ebenso wie die Geschichten des Lügenbarons aus Bodenwerder zu fortdauernder weltweiter Bekanntheit gebracht.

Folglich trifft man überall in Hameln auf Denkmäler der legendären Gestalt sowie auf Ratten in allerlei - auch essbarer - Form. In der Zeit von Mitte Mai bis Mitte September wird das Thema Rattenfänger durch das **Rattenfänger-Freilichtspiel** sowie das hu-

Die Hamelner Osterstraße

morvolle **Musical „Rats“** jeweils auf der Bühne am Hochzeitshaus bei freiem Eintritt in Szene gesetzt.

Die Münsterkirche

Das **Museum Hameln** in der Osterstraße besitzt die weltweit größte Sammlung zum Thema Rattenfänger und widmet sich mit einem eigenen Bereich dieser Sage und der historischen Wahrheit dahinter. Die Geschichte des Rattenfängers ist integriert in die Dauerausstellung des Museums, das darüber hinaus Hamelns Stadtgeschichte von den ersten Siedlungsspuren bis in die Moderne präsentiert. Diese Geschichte ist sehr abwechslungsreich, denn die Stadt an der Weser war nicht nur Handelsstadt, sondern wurde im 17. Jahrhundert zu einer kraftstrotzenden Festung ausgebaut. Am Weserufer standen einst die größten Getreidemühlen ihrer Zeit und nach dem Zweiten Weltkrieg war Hameln ein wichtiger Standort der alliierten Truppen. Zeugnisse dieser historischen Epochen sind an vielen Orten im Stadtbild noch heute sichtbar. Insofern kann es höchst aufschlussreich sein, mit offenen Augen durch Hameln zu flanieren oder sich einer der informativen Stadtführungen anzuschließen.

Alte Marktstraße

Die auffälligsten und herausragendsten Baudenkmäler in der Innenstadt sind die prachtvollen Bürgerhäuser der Renaissance. Besonders erwähnenswert sind das **Stiftsherren-** und das **Leisthaus** (beide im späten 16. Jahrhundert erbaut), in denen auch das Museum der Stadt untergebracht ist, sowie das um 1600 erbaute **Rattenfängerhaus**. Der Name des Hauses begründet sich in der seitlichen Fachwerkinschrift, in der vom Auszug der Kinder im Gefolge des Rattenfängers berichtet wird. Diese Inschrift gilt als älteste Erwähnung des Ereignisses.

Das Hamelner Museum

MVSEVM

Weserufer mit Pfortmühle

Erwähnenwert sind schließlich noch das **Dempterhaus** sowie das vergleichsweise monumentale **Hochzeitshaus**, an dem auch das fünfmal am Tag erklingende Rattenfänger-Glockenspiel angebracht ist.

Als einziges Zeugnis der einstigen Mühlengeschichte Hamelns ist noch das eindrucksvolle Gebäude der **Pfortmühle** am Weserufer erhalten. Gegenüber der Pfortmühle, die heute als Stadtbücherei genutzt wird, befindet sich die von einer Schleuse geteilte Weserinsel Werder mit Grünanlage und Café, die über eine – von einer goldenen Ratte gekrönten – Fußgängerbrücke erreichbar ist.

Das Hamelner Wehr

Gleich am Rand der Innenstadt befindet sich am Rathausplatz das **Theater Hameln**, das mit jährlich etwa 150 Aufführungen und Veranstaltungen einen wesentlichen Beitrag zum Kulturleben der Stadt leistet. Südlich der Innenstadt liegt am Weserufer die **Rattenfängerhalle** – ein Veranstaltungsort für größere Events und Konzerte – sowie das Kulturzentrum **Sumpfblume**. Etwas außerhalb der Innenstadt befindet sich der **Hefehof**. Das im Stil der Gründerzeit errichtete Fabrikgebäude wurde lange nach Beendigung der Hefeproduktion zum HefeHof-Center umgewidmet – mit Geschäften, Gastronomie, Museen und Veranstaltungsorten hat sich der HefeHof zu einem wichtigen kulturellen Faktor in der Stadt entwickelt.

Wer Hameln von oben bewundern möchte, sollte sich zum Klütturm aufmachen. Der Turm auf dem **Klütberg** am westlichen Weserufer ist über eine schmale Straße mit dem Auto oder Fahrrad, aber auch zu Fuß über einen abwechslungsreichen, allerdings recht steilen Wanderweg erreichbar. Etwas tiefer im Wald gibt es mit dem **Forsthaus Finkenborn** noch ein lohnendes Einkehrziel. Nahe der Gaststätte bietet der **Kletterwald Hameln** Erlebnisspaß in bis zu 14 Metern Höhe.

Der Rattenfänger

Als der Rattenfänger für seine Leistung, die Ratten mit süßen Flötentönen aus der Stadt gelockt zu haben, nicht wie versprochen belohnt wurde, kehrte er „jedoch zurück in Gestalt eines Jägers, erschrecklichen Angesichts, mit einem roten, wunderlichen Hut und ließ, während alle Welt in der Kirche versammelt war, seine Pfeife abermals in den Gassen ertönen. Alsbald kamen diesmal nicht Ratten und Mäuse, sondern Kinder, Knaben und Mägdlein vom vierten Jahre an in großer Anzahl gelaufen. Diese führte er, immer spielend, zum Ostertore hinaus in einen Berg, wo er mit ihnen verschwand."

Die Brüder Grimm datieren dieses Ereignis auf den 26. Juni 1284. Die Legende geht vermutlich auf die Werbung von Menschen für die Kolonisation des Ostens in Schlesien, Mähren, Ostpreußen und im Deutschordensland zurück. Offenbar sind deutlich mehr als 100 „Kinder von Hameln" dem Aufruf eines Werbers gefolgt. Für eine Stadt von etwa 1500 Einwohnern ein herber Verlust. Die „Kinderauszugs-Sage" wurde später mit einer „Rattenvertreibungssage" verknüpft. Für die Mühlenstadt Hameln war die Rattenplage im Mittelalter besonders bedrohlich. Die Arbeit professioneller „Rattenfänger" hatte daher dort eine besondere Bedeutung.

Marktkirche und Hochzeitshaus im Abendlicht

ITH

Der Ith zieht sich gerade, schmal und steil über eine Länge von 22 Kilometern durch die Landschaft des Weserberglandes. Ein markantes Landschaftselement und echtes Verkehrshindernis, denn nur an zwei Stellen führen Straßen über den steilen Höhenzug. Wanderern und Kletterern hat der Ith dafür umso mehr zu bieten.

Die Adam- und Eva-Steine bei Bessingen

www. solling-vogler-region.de
www.ith-hils-weg.de

Der längste Klippenzug Norddeutschlands ist mit mehr als 20 km Länge der Ith. Seine naturnahen Wälder, Felsen, Klippen, Höhlen, Quellen und Bachläufe bieten zahlreichen schutzbedürftigen Tier- und Pflanzenarten ein Zuhause. Besonders im Frühjahr, wenn die Frühjahrsblüher den Waldboden bedecken und das Laub noch nicht so dicht ist, dass man fast überall in die Landschaft blicken kann, ist eine Wanderung auf dem **Ithkamm** empfehlenswert. Die am Westrand des Ith aufragenden Kalksteinklippen faszinieren aber nicht nur Wanderer. Sie sind mit ihren teilweise extremen Schwierigkeitsgraden ein Anziehungspunkt für Kletterfreunde aus ganz Norddeutschland. Als Kletterfelsen sind vor allem Klippen in der Nähe von **Holzen** im südlichen Ith ausgewiesen. Eine der meist fotografierten Klippenformationen, die Adam und Eva-Steine, findet man hingegen im Norden bei **Bessingen**. Dort in der Nähe, gut aus Richtung Lauenstein erreichbar, ist auch der **Ithturm**, von dem man in Richtung Westen und Norden einen schönen Ausblick genießen kann.

Kammweg durch Bärlauch im Frühjahr

Darüber hinaus bietet der Ith für Segelflieger hervorragende thermische Verhältnisse, sodass auf den Ithwiesen bei Holzen schon Anfang der 1930er Jahre ein Flugplatz eingerichtet wurde, der bis heute vielfältig genutzt wird.

Blick vom Ithturm, der 1912 auf dem 439 Meter hohen Lauensteiner Kopf errichtet wurde, auf das Dorf Bisperode

AM ITHKOPF

Der Ith bildet als Wasserscheide die Grenze zwischen Weser- und Leinebergland – doch um den Kopf des Iths erstrecken sich einige Orte, die für Besucher des Weserberglandes interessante Ausflugsziele bieten.

Burgmuseum Coppenbrügge
Do–So sowie an Feiertagen
11–17Uhr

www.osterwaldbuehne.de
www.bergort-osterwald.de
www.rasti-land.de
www.coppenbruegge.de
www.salzhemmendorf.de
www.ther.me

Eingang der Ith-Sole-Therme in Salzhemmendorf

Der sogenannte Kopf des Iths ist eine markante Landmarke. Der schmale Höhenzug erstreckt sich von Eschershausen aus in nordwestlicher Richtung, nach etwa 20 Kilometern erreicht der Ith am Lauensteiner Kopf mit 439 Metern seine höchste Erhebung und der Kamm knickt recht scharf nach Südosten ab, sodass die Form des Ith einem Seepferdchen ähnelt.. Das Dorf **Lauenstein** liegt landschaftlich sehr reizvoll eingebettet in diesem Knick. Westlich vom Ithkopf liegt Bisperode. Das um 1700 errichtete eindrucksvolle **Wasserschloss Bisperode** ist in privatem Besitz. Coppenbrügge am Nordrand des Ith wurde bekannt, als sich Zar Peter der Große 1697 hier mit Kurfürstin Sophie von Hannover und Kurfürstin Sophie Charlotte von Brandenburg traf. Ort des Treffens war die **Burg Coppenbrügge**, die aber wohl damals schon baufällig war. Heute ist die Burg eine Ruine, in derem einzig erhaltenen Gebäude das Burgmuseum untergebracht ist. Zum Andenken an den Zarenbesuch wurde die markante Linde auf der alten Befestigungsanlage „Peterlinde“ getauft. Der etwa 700 Jahre alte Baum stellt ein eindrucksvolles historisches Zeugnis dar.

Oben: Museum Burg Coppenbrügge, unten: Blick vom Kanstein auf Salzhemmendorf und Lauenstein

Im Osten des Ithkopfs liegt **Salzhemmendorf**, dessen Solequelle namensgebend für den Ort war. Die zwischenzeitliche Epoche als Kurbad ist zwar vergangen, aber die **Ith-Sole-Therme** ist nach wie vor ein lohnendes Ausflugsziel für Wellness-Freunde.

Im Salzhemmendorfer Ortsteil **Osterwald** erinnert der im Sommer geöffnete **Hüttenstollen** an die Bergbaugeschichte der Region. Die **Freilichtbühne Osterwald** zieht mit Märchen-, Kinder- und Kabarettvorführungen pro Saison etwa 15.000 Besucher an. Die Atmosphäre der mitten im Wald gelegenen Naturbühne ist einzigartig.

Ein weiterer Anziehungspunkt ist der Freizeitpark „**Rasti-Land**“ im Salzhemmendorfer Ortsteil Oldendorf

FISCHBECK

Im Weserbergland findet man noch zahlreiche mittelalterliche Gebäude und Kirchen. Doch einen Ort, an dem die Geschichte noch lebendig ist und Menschen ganz konkret in einer jahrhunderteal-ten Tradition leben, findet man hier wohl nur in Fischbeck.

Blick aus dem Stiftsgarten auf die Stiftskirche

www.stift-fischbeck.de
www.westliches-weserbergland.de

Das 955 gegründete **Stift Fischbeck** zählt heute zum Stadtgebiet von Hessisch Oldendorf. Wenn man davon absieht, dass das Stift zwischen 1810 und 1841 unter dem französischen König Jérôme aufgehoben wurde, kann das heutige Frauenstift auf eine mehr als 1000-jährige kontinuierliche Geschichte zurückblicken. Die **Stiftskirche** stammt aus dem 13. Jahrhundert, es ist allerdings noch eine eine ältere **Krypta** aus dem Jahr 1120 unter dem Kirchenschiff erhalten. Für Besucherinnen und Besucher bietet das Stift Fischbeck regelmäßige Führungen unter anderem durch den Stiftsgarten und die Krypta an. Auch Gottesdienste und Andachten können besucht werden. Am Pilgerweg Loccum-Volkenroda dient das Stift auch als Pilgerherberge.

Die jeweils etwa zehn Stiftsdamen, die im Stift Fischbeck leben, betrachten sich als Teil dieser 1000-jährigen christlichen Gemeinschaft, wobei sie sich gezielt für den Erhalt dieses traditionsreichen Ortes einbringen. Die erste lutherische Predigt wurde in Fischbeck 1559 gehalten. Seitdem ist das Stift ein Ort für das gemeinschaftliche Leben evangelischer Frauen.

Überregional ist **Hessisch Oldendorf** vor allem durch die Treffen von Volkswagen-Liebhabern bekannt. Diese Treffen finden im Abstand von mehreren Jahren statt und ziehen jeweils einige zehntausend Besucher an. Mit der **Sammlung Grundmann** besteht in Hessisch Oldendorf eine der größten Sammlungen von VW- und Porsche-Raritäten sowie auch von Modellen des legendären Karosseriebauers Rometsch. Bei Führungen können Autoliebhaber Einblick in diese bemerkenswerte Sammlung nehmen.

Hessisch Oldendorf wurde ebenso wie Rinteln von den Grafen von Schaumburg im zweiten Viertel des 13. Jahrhunderts gegründet. An der Straße von Minden nach Hildesheim gelegen, war Hessisch Oldendorf Zollstätte und Schiffshaltepunkt an der Weser.

Die Krypta unterhalb der Stiftskirche Fischbeck

SCHILLAT-HÖHLE

Der Hohenstein im Süntel bildet das größte Felsmassiv im Weserbergland. Von den Klippen des Süntels – die bekanntesten sind die „Teufelskanzel“ und der „Grüne Altar“ – bieten sich weite Aussichten in das Wesertal. Der Süntel bietet aber auch Einblicke in die Tiefe – mit der Schillat-Höhle wurde eine faszinierende Tropfsteinhöhle zugänglich gemacht.

Natour.NAH.Zentrum Schillathöhle
Riesenbergstraße 2A
31840 Hessisch Oldendorf
April-Oktober
Mi 14-18 Uhr, Sa u. So 10-18 Uhr

www.schillathoehle.de
www.westliches-weserbergland.de
www.naturpark-weserbergland.de

Tropfsteinformationen in der Schillat-Höhle

Der Süntel ist die östliche Fortsetzung des Wesergebirges. Während das Wesergebirge aber ähnlich wie der Ith einen schmalen Gebirgszug darstellt, ist der Süntel eher ein kompaktes Massiv. Der **Hohenstein** bildet dabei mit seinen Klippen eine steile Abbruchkante zum Wesertal. Der höchste Punkt des Süntels wird allerdings von der Hohen Egge (440 Meter) im Süden gebildet. Auf der Hohen Egge steht der aus Sandstein errichtete **Süntelturm**. Er bietet bei klarem Wetter einen guten Panoramablick über das Weserbergland im Westen und Süden, bis in die norddeutsche Tiefebene im Norden und bis zum Harz im Osten.

Bei Sprengarbeiten in einem Steinbruch wurde im Nordwesten des Süntels eine Tropfsteinhöhle entdeckt. Im Jahre 2004 wurde diese **Schillat-Höhle** für Besucher geöffnet. Neben den eindrucksvollen Tropfsteingebilden können Besucher auch originalgetreue Reproduktionen von frühzeitlichen Felszeichnungen bewundern. Der Besuch der Höhle wird so zu einer faszinierenden Reise in die Erd- und Menschheitsgeschichte.

Der Höhleneingang liegt 36 Meter unterhalb der Steinbruchkante – mit einem verglasten Aufzug gelangen die Besucherinnen und Besucher dorthin. Die Steinschichten, an denen sie vorbeifahren, bilden Millionen Jahre Erdgeschichte ab. Die Höhle ist durch einen unterirdischen Fluss entstanden, der trockengefallen ist.

Im „**Natur.Nah.Zentrum**" an der Höhle kann man sich über Wandertouren sowie die vielfältige Pflanzen- und Tierwelt im Süntel informieren.

SCHAUMBURG

Die Schaumburg thront auf dem Nesselberg – einem hinausragenden Bergsporn des Wesergebirges – und ist von weither sichtbar. Die Burg gab dem Grafengeschlecht der Schaumburger und ihrem Land an der Weser den Namen. Die gut erhaltene Burganlage ist ein lohnendes Ausflugsziel und bietet zudem eine schöne Aussicht über das Wesertal zwischen Rinteln und Hameln.

Der Bergfried der Schaumburg

Die Burg Schaumburg ist öffentlich zugänglich.

www.westliches-weserbergland.de
www.schaumburger-ritter.de
www.burggaststaette-schaumburg.de

Die **Schaumburg** war spätestens seit dem ersten Drittel des 12. Jahrhunderts Stammsitz der Grafen von Schaumburg (ehemals Schauenburg) und somit namengebend für das Schaumburger Land. Von der das Wesertal weithin beherrschenden mittelalterlichen Burganlage sind drei der ursprünglich vier Türme erhalten. Die vom Wesertal aus sichtbare Südflanke wird von dem zweigeschossigen Palas beherrscht, der im ausgehenden 16. Jahrhundert im Stil der Weserrenaissance errichtet wurde. Jetzt befindet sich die Burg im Besitz der Fürsten von Schaumburg-Lippe. Das auf dem Bergrücken des Wesergebirges oberhalb der Schaumburg errichtete ehemalige Forsthaus wird als **Paschenburg** bezeichnet.
Vom mächtigen Bergfried der Schaumburg hat man einen guten Blick entlang des Wesergebirges und über das Wesertal.

Die Schaumburg am Wesergebirge

RINTELN

Die Weser teilt Rinteln in zwei Teile: Südlich des Flusses, der hier in Ost-West-Richtung fließt, liegt die Altstadt, im Norden erstrecken sich die weit größeren neueren Stadtbereiche. Durch den Ausbau zur Festung war die Entwicklung der Altstadt arg begrenzt – das war für die wirtschaftliche Entwicklung phasenweise stark hinderlich, heute darf man sich aber darüber freuen, dass dieser historische Stadtbereich einen sehr homogenen Eindruck macht.

Morgenstimmung am Alten Weserhafen von Rinteln

Universitäts- und Stadtmuseum
Die Eulenburg
Klosterstr. 21, 31737 Rinteln
Di-Sa 14-17 Uhr
So und feiertags 11-17 Uhr

www.eulenburg-museum.de
www.westliches-weserbergland.de
www.rinteln.de
www.nabu-rinteln.de

Mit der Integration des **Alten Hafens** in die Weserpromenade Rintelns wird die einstige Bedeutung des Flusses für die Stadt Rinteln wieder hervorgehoben. Heute spielt der Güterverkehr auf der Weser zwar keine Rolle mehr, aber aus touristischer Sicht ist die Weser wichtiger denn je: Der Weserradweg führt durch Rinteln, und das um eine ehemalige Kiesabbaustätte gewachsene Freizeitgebiet **DoktorSee** mit angegliedertem Yachthafen zieht ebenfalls zahlreiche Besucher an.

Rinteln entstand um 1230 als planmäßige Gründung des Grafen Adolf IV. von Schaumburg. Das schachbrettförmige Straßennetz im Stadtzentrum zeugt noch heute von der Gründungszeit. 1619 wurde die schaumburgische Landesuniversität in Rinteln ge-

In Rinteln ist der Nachtwächter auferstanden: Regelmäßig werden dort Stadtführungen als Nachtwächterrundgänge veranstaltet.

Der Ratskeller am Markt bietet ein historisches Ambiente in entspannter Atmosphäre.

Der herbstliche Rintelner Marktplatz mit Fachwerk- und Weserrenaissance-Architektur

gründet. Nach der Teilung des Landes Schaumburg wurde die Stadt zum Regierungssitz der hessischen Grafschaft Schaumburg und 1665 zur Festung ausgebaut. Zu Beginn des 19. Jahrhunderts verlor Rinteln durch die Schließung der Universität und nach Schleifung der Festung die Vormachtstellung unter den schaumburgischen Städten.

Von der ehemaligen Blüte der Stadt zeugen heute noch prächtige Adelshöfe, einige Kirchen sowie repräsentative Fachwerkhäuser.

Historische und moderne Architektur im Rintelner Stadtzentrum

Bemerkenswert ist der **Marktplatz** mit dem frühen Weserrenaissancebau des Rathauses und einem geschlossenen Ensemble gut erhaltener Fachwerkfassaden. Bei einer gemütlichen Einkehr in einem der Straßencafés kann man die Atmosphäre des Platzes auf sich wirken lassen.

Wer mehr über die Geschichte der Stadt erfahren möchte, dem sei der Besuch des **Museums „Die Eulenburg"** empfohlen. Das mehrfach ausgezeichnete Museum präsentiert die Historie der Stadt in fünf Themenblöcken nach modernen museologischen Kriterien übersichtlich und verständlich. Ständig wechselnde Sonderausstellungen ergänzen das Museumsangebot.

Liebhaber historischer Dampfeisenbahnen finden in Rinteln ein besonderes Angebot. Der Verein „**Dampfeisenbahn Weserbergland e.V.**" verkehrt mit historischen Dampflokzügen regelmäßig auf der vereinseigenen Strecke zwischen Rinteln und Stadthagen. Prachtstück des Vereins ist eine

Die historische Dampflokomotive fährt für Eisenbahnfreunde regelmäßig auf der Strecke Rinteln-Stadthagen.

136 Tonnen schwere Dampflokomotive der Oberschlesischen Lokomotivwerke Krenau. Auf der selben Strecke fährt zudem der historische Schienenbus des Fördervereins Eisenbahn Rinteln-Stadthagen e.V.

Abendstimmung am Rintelner Weserufer

MÖLLENBECK

Kloster Möllenbeck gilt als eine der besterhaltenen, spätmittelalterlichen Klosteranlagen in Deutschland. Die Gesamtanlage wirkt auch heute noch architektonisch sehr harmonisch. Das Dach der Klosterkirche wurde übrigens mit Sandsteinplatten aus dem Solling eingedeckt.

www.reformiert.de
www.westliches-weserbergland.de
www.rinteln.de

Kreuzgang des Klosters Möllenbeck

Möllenbeck wurde 896 als Benediktinerinnenstift gegründet. Von der ursprünglichen Klosterkirche sind allerdings nur die charakteristischen Rundtürme erhalten. Der von 1479 bis1505 entstandene Neubau der Kirche gilt als eines der bedeutendsten Denkmäler spätgotischer Architektur im Wesergebiet. Mit den um 1500 nördlich der Kirche errichteten Klausurbauten zählt Möllenbeck zu den umfangreichsten und am besten erhaltenen Klosterkomplexen des späten Mittelalters in ganz Deutschland.

Das **Kloster Möllenbeck** ist heute Eigentum der Evangelisch-reformierten Kirche. Es wird von der Ortsgemeinde genutzt und einer breiten Öffentlichkeit im Sinne der Bewahrung des historischen Erbes zugänglich gemacht. Das erst kürzlich restaurierte Winterrefektorium des Klosters wird für Musik- und Kulturveranstaltungen sowie Kunstausstellungen genutzt. Für Jugendgruppen steht das ehemalige Kloster als Freizeitheim zur Verfügung. Das Erlebnis klösterlicher Stille und Abgeschiedenheit ist auch für Jugendliche eine wertvolle Erfahrung.

Südwestansicht der Klosteranlage

VLOTHO

Bei Vlotho tritt noch einmal – kurz vor dem Weserdurchbruch bei Porta Westfalica – ein Berg nahe an die Weser heran. Der Amtshausberg war der ideale Standort für eine Burg und begründete somit Vlothos Geschichte ab dem Mittelalter. Die Ruinen der Burg wurden restauriert und sind heute zugänglich. Zudem bietet sich von der Burganlage ein guter Blick auf das Wesertal bei Vlotho.

www.vlotho.de
www. kulturfabrik-vlotho.de
www.heimatverein-vlotho.de

Vlotho mit dem Amtshausberg

Kulturfabrik Vlotho

Der Amtshausberg prägt das Bild der Stadt Vlotho. Hier – fast 100 Meter über dem Niveau der Weser – stand die einstmals bedeutende **Burg Vlotho**. Bereits im Jahre 1368 wurde die Burg zerstört und die Stadt Vlotho am Fuß des Berges erlebte einen Niedergang. Im Zeitalter der Renaissance jedoch entwickelte sich Vlotho zu einer der bedeutendsten Hafenstädte im Weserbergland.

Einige Werder (Inseln) teilten den Strom und boten in einem ruhigen Arm den Schiffen sichere Liegeplätze. Diese Inseln sind nicht mehr vorhanden, aber der Vlothoer Hafen wurde als Wohnmobilstellplatz und Ort der Entspannung am Fluss wiederbelebt.

Auch die im beginnenden 20. Jahrhundert florierende Tabakindustrie hat kaum mehr Zukunftsperspektiven. Es haben sich aber neue Nutzungen gefunden. So wurde die ehemalige Zigarrenfabrik in Vlotho in die sogenannte **Kulturfabrik** umgewandelt..

Die Vlothoer Ortsteile Bad Seebruch und Bad Senkelteich bilden das Vlothoer Kurgebiet. Bad Senkelteich zählt zu den letzten historischen Moorheilbädern in Deutschland. Die Moorwannen werden hier noch immer in traditioneller Art und Weise mit dem aus dem Senkelteich gestochenen Moor befüllt.

Die **Freizeitanlage Borlefzen** am östlichen Weserufer bietet nicht nur einen Campingplatz mit Badesee, sondern auch einen großen Bootshafen mit Zufahrt zur Weser.

Moorlandklinik in Bad Senkelteich

OBERNKIRCHEN

Die kleine Stadt Obernkirchen schmiegt sich an den Bückeberg. Dieser mit bis zu 373 Metern Höhe deutlich herausragende Höhenzug vor der norddeutschen Tiefebene hat mit seinen Bodenschätzen die Entwicklung Obernkirchens über Jahrhunderte befördert. Heute ist das große Waldgebiet des Bückeberges und seine Dinosauerierfährten in einem alten aufgelassenen Steinbruch ein lohnendes Ausflugsziel.

Museum für Bergbau- und Stadtgeschichte Obernkirchen
Am Kirchplatz 5
31683 Obernkirchen
Mi und So 15-18 Uhr

www.obernkirchen.de
www.museum-obernkirchen.de
www.schaumburgerland-tourismus.de

Die Obernkirchener Stiftskirche

Obernkirchener Sandstein hat den Namen Obernkirchen in die Welt hinausgetragen. Aus dem auf dem Bückeberg gewonnenen Bausandstein wurden im Weserraum und darüberhinaus zahlreiche bekannte Baudenkmäler errichtet. Das Material eignet sich sehr gut für Bildhauerarbeiten. An die Tradition der anspruchsvollen Steinbearbeitung knüpft das Bildhauersymposium Obernkirchen an. Alle drei Jahre werden künstlerisch arbeitende Bildhauer in die kleine Stadt eingeladen, um Skulpturen aus Obernkirchener Sandstein zu erschaffen. Überall in der Stadt sind die von ihnen geschaffenen Kunstwerke nun zu entdecken. Und selbstverständlich wurde die ab dem 12. Jahrhundert errichtete mächtige **Stiftskirche** im Zentrum von Obernkirchen auch aus Obernkirchener Sandstein errichtet.

Der Sandstein birgt noch eine weitere Sehenswürdigkeit, die auf seine Entstehungszeit vor 140 Millionen Jahren zurückgeht: In einem Steinbruch auf dem Bückeberg wurden Dinosaurierspuren entdeckt. Die gut erkennbaren Fährten stammen unter anderem von der Saurierart Iguanodon. Bei einem Ausflug auf den nah gelegenen Bückeberg kann man sich diese Spuren anschauen und tief in die Erdgeschichte hinabtauchen.

Von der Erdgeschichte, die im Bückeberg vielfältige Spuren hinterlassen hat, konnte Obernkirchen im Laufe seiner Geschichte noch mehr profitieren. Denn auch als Bergbaurevier war der Bückeberg zeitweise eine lohnende Quelle. Auch die Rohstoffe für die Glasherstellung waren vorhanden. Die erste Glashütte wurde 1799 gegründet. An diese Tradition schließt das Unternehmen Heye International an, das sich auf die Planung und Betreuung kompletter Anlagen zur Herstellung von Glasbehältern spezialisiert hat. All diese Aspekte zur Geschichte Obernkirchens werden im **Berg- und Stadtmuseum Obernkirchen** dargestellt.

Brunnen auf derm Marktplatz von Obernkirchen

JAHRTAUSENDBLICK

Der zur Expo 2000 errichtete Aussichtspunkt „Jahrtausendblick" bietet eine grandiose Aussicht entlang des Wesergebirges nach Westen in Richtung Minden. Im Norden und Osten liegen über dem Auetal der Bückeberg und der Deister vor der norddeutschen Tiefebene. Der Turm wurde über einem großen Kalksteinbruch errichtet.

BÜCKEBURG

Schloss Bückeburg ist eine der bekanntesten Sehenswürdigkeiten im Weserbergland. Herausragend ist nicht nur die Schlossanlage mit der Götterpforte und der Schlosskapelle im Innern, auch die Hofreitschule und das Mausoleum sind wichtige Anziehungspunkte. Die Stadt Bückeburg verfügt zudem über zwei interessante Museen.

Schloss Bückeburg
Schlossplatz 1, 31675 Bückeburg
Mo-So 9.30-17 Uhr

Hubschraubermuseum
Sableplatz 6, 31675 Bückeburg
Mo-So 10-17 Uhr

Museum Bückeburg
Lange Straße 22, 31675 Bückeburg
Mi-So 13-17 Uhr

www.bueckeburg.de
www.hofreitschule.de
www.schloss-bueckeburg.de
www.hubschraubermuseum.de,
www.museum-bueckeburg.de

Deckenmosaik im Mausoleum

Mit Gold wurde in Bückeburg nicht gespart – die **Götterpforte**, der goldene Saal und die **Schlosskapelle** im Schloss Bückeburg sind mit überbordendem Goldschmuck ausgestattet, und auch die Decke des **Mausoleums**, das als eines der weltweit größten Grabmäler gilt, ist mit einem 500 Quadratmeter großen goldenen Mosaik verziert.

Das **Bückeburger Schloss** — noch heute Wohnsitz der Fürsten von Schaumburg-Lippe — mit seinen prachtvoll gestalteten Innenräumen, die zahlreichen Residenzgebäude, der **Schlosspark** sowie die **Stadtkirche** machen die Kleinstadt zu einer Touristenattraktion im Weserbergland. Dabei darf sich Bückeburg erst seit 1609 Stadt nennen. Die Verleihung des Stadtrechts erfolgte im Zuge der Verlegung der Fürstenresidenz von Stadthagen nach Bückeburg durch Graf Ernst von Holstein-Schaumburg. Die heutige Gestalt des Residenzschlosses entstand durch den Ausbau der ursprünglichen mittelalterlichen Burganlage und verschiedene Umbauten und Erweiterungen vor allem im 17. und 18. Jahrhundert. Im Innern des Schlosses sind die noch mittelalterlich geprägte , aber im 17. Jahrhundert im Stil des Manierismus ausgestattete Schlosskapelle und der Goldene Saal mit der sogenannten Götterpforte, ein um 1604 von

Die barocke Stadtkirche Bückeburgs

Schloss Bückeburg

Bei zahlreichen Veranstaltungen rund um Schloss Bückeburg wird Geschichte lebendig.

den Brüdern Wolf geschaffenes Prunkportal, bemerkenswert. Umgeben ist das Schloss von einem gepflegten Park im englischen Landschaftsstil.

Das Rathaus am Marktplatz

Mit weiteren , von den Brüdern Wolf ausgestatteten Bauten im Bereich des Schlosses sowie der Anlage des Marktplatzes ist in Bückeburg eine der ersten frühbarocken Gesamtanlagen Deutschlands entstanden. Die in den Jahren 1611 bis 1615 entstandene Stadtkirche markiert den Übergang von der Renaissance zum Frühbarock. Als das wertvollste frühbarocke Kunstwerk der Kirche gilt das 1613 von Adriaen de Vries geschaffene Bronzetaufbecken.

Ein weiterer Anziehungspunkt für Besucher ist die **Fürstliche Hofreitschule** in Bückeburg. Sie ist eine von fünf existierenden Hofreitschulen weltweit. Einzigartig ist, dass hier sämtliche Barockpferderassen aufgestallt sind. Das historische Marstallmuseum und die Stallungen können ganzjährig besucht werden.

Das monumentale Mausoleum im Schlosspark wurde 1913 bis 1915 von Fürst Adolf errichtet. Es gilt als das größte Mausoleum Europas und beeindruckt innen durch seine

Goldmosaike in 1400 unterschiedlichen Farbtönen.

Die Geschichte Bückeburgs wird im **Museum Bückeburg für Stadtgeschichte und Schaumburg-Lippische Landesgeschichte** präsentiert. Das Museum ist im 1564 erbauten und sanierten Schaumburger Hof untergebracht.

Technikbegeisterte dürften sich eher für das weltweit einzigartige **Hubschraubermuseum** interessieren. Die Ausstellung beginnt mit den Entwürfen Leonardo da Vincis für Fluggeräte. Sein Entwurf „Helix" wurde zur Grundlage der Hubschrauberfliegerei. Zu der 2000 qm großen Ausstellung mit mehr als 50 Originalexponaten gehören ein- und mehrrotorige Hubschrauber, Trag- und Flugschrauber, viele Baugruppen und Komponenten wie Getriebe und Triebwerke.

Figurenschmuck am Schlosstor

Mit zahlreichen Veranstaltungen lockt das Schloss Bückeberg regelmäßig zehntausende von Besuchern an: Herauszuheben sind die mehrtägige Landpartie (Ende Juli bis Anfang August), der Weihnachtszauber im Advent sowie Galaveranstaltungen im Zusammenhang mit der Hofreitschule.

Das Hubschraubermuseum Bückeburg gewährt schon von außen Einblicke.

STADTHAGEN

Stadthagen liegt etwas von der Weser entfernt am Rand der norddeutschen Tiefebene. Trotzdem zählen das Stadtschloss und das Mausoleum an der Stadtkirche zu den bedeutendsten Kunstdenkmälern der Weserrenaissance.

Das Auferstehungsmonument von Adriaen de Vries im Mausoleum Stadthagen

Museum Amtspforte Stadthaben
Obernstr. 32a, 31655 Stadthagen
Di–So 15–17 Uhr

www.stadthagen.de
www.schaumburgerland-tourismus.de
www.museum-stadthagen.de

Obwohl Graf Ernst III. von Schaumburg Bückeburg zu seiner Residenzstadt machte, ließ er in Stadthagen ein **Mausoleum** errichten und sich dort beisetzen. Das an die Kirchenostwand der Stadtkirche St. Martini angefügte siebeneckige Gebäude ist ein Renaissance-Gesamtkunstwerk aus Architektur, Skulptur und Malerei von internationaler Bedeutung. Das Grab-. und Auferstehungsmonument im Innern wurde von Adriaen de Vries geschaffen.

Im Stadtkern sind noch viele andere historische Gebäude erhalten, die vom Reichtum der ehemaligen Residenzstadt zeugen. Vor allem der **Marktplatz** bietet eine beschauliche Atmosphäre inmitten historischer Architektur. Das **Schloss Stadthagen** begrenzt die von einem Wall umschlossene Innenstadt im Süden. Das Schloss ist eines der ältesten und gilt als eines der einflussreichsten Baudenkmäler der Weserrenaissance in Niedersachsen. Hier sitzt heute das Finanzamt. Außerhalb des Walls schließt sich der **Stadtgarten** an, der in der Renaissancezeit als ein herrschaftlicher Lustgarten mit Brunnen und einem Lusthaus, das auf Pfählen über dem Teich steht und in dem sich heute ein Café befindet, entstanden ist. Im 18. Jahrhundert wurde der Park allerdings barock umgestaltet. Diese barocke Gestaltung hat sich bis heute erhalten.

Lusthaus im Stadtgarten

Die historische **Amtspforte** wurde 1553 erbaut und ist ein Wahrzeichen der Stadt. Der eindrucksvolle Fachwerkbau beherbergt das städtische **Museum** mit den Schwerpunkten Stadtgeschichte und Trachten.

Schloss Stadthagen ist einer der frühesten Renaissance-Bauten im Weserraum.

BAD OEYNHAUSEN

Bad Oerynhausen ist einer der jüngsten Badeorte im Weserbergland. Da der Ausbau des Bades vom preußischen König gefördert wurde, entstand die klassizistische Bäderarchitektur innerhalb weniger Jahre und macht heute einen sehr homogenen Gesamteindruck.

Märchen- und Wesersagenmuseum
Am Kurpark 3 , 32545 Bad Oeynhausen
Mi-So 10-12 Uhr und 14-17 Uhr

www.badoeynhausen.de
www.staatsbad-oeynhausen.de

Spannendes Beispiel für moderne Architektur: Das Ronald-McDonald-Haus

Während die Weser von Hann. Münden aus grundsätzlich in Richtung Norden durch das Weserbergland fließt, knickt ihr Lauf hinter Hameln in Richtung Westen ab. Der Süntel und das Wesergebirge bilden eine unüberwindbare landschaftliche Barriere. Bevor der Fluss den Weserdurchbruch bei Porta Westfalica zwischen Weser- und Wiehengebirge passiert, erreicht er bei Bad Oeynhausen am Zufluss der aus Lippe kommenden Werre ihren westlichsten Punkt im Weserbergland.

Bad Oeynhausen wurde erst 1848 gegründet und erhielt seinen Namen nach dem Entdecker der Thermalquellen Karl Freiherr von Oeynhausen. Im Gebiet der späteren Stadt wurden bereits im 18. Jahrhundert Solequellen entdeckt und Gradierwerke errichtet. Diese Vorkommen waren aber nur von regionaler Bedeutung. Bei Bohrungen nach neuen Salzvorkommen stieß der Berghauptmann Karl von Oeynhausen auf eine starke Thermalsolequelle. Der preußische König Friedrich Wilhelm IV. setzte sich daraufhin für den Bau eines Bades ein und veranlasste schließlich die Stadtgründung.

Eingangsbereich des Kurhauses

Der 1926 entdeckte **Jordansprudel** in Bad

Die klassizistisch gestalteten Kuranlagen Bad Oeynhausens

Oeynhausen gilt mit einer Ergiebigkeit von mehreren tausend Litern pro Minute als größte kohlensäurehaltige Thermalsolequelle der Welt. Die Fontäne des Jordansprudels, die in der Sommersaison täglich zur vollen Stunde für fünf Minuten springt, ist das Wahrzeichen Bad Oeynhausens.

Herzstück der Kuranlagen ist der 1853 von dem preußischen Gartenkünstler Peter Joseph Lenné angelegte **Kurpark**. Die imposanten Gebäude des Kurhauses, des Theaters, verschiedene Badehäuser sowie zahlreicher Hotels und Villen zeugen von der glanzvollen Epoche des mondänen Kurbetriebs im deutschen Kaiserreich.

Einen architektonischen Kontrast bilden zwei Gebäude des amerikanischen Architekten Frank O. Gehry: das Energie-Forum-Innovation sowie ein Elternhaus der Stiftung Ronald McDonald.

Das **Deutsche Märchen- und Sagenmuseum** in der sogenannten Paul Baehr-Villa am Kurpark geht zurück auf die Schenkung von Dr. Karl Paetow, der seine private Märchensammlung der Stadt Bad Oeynhausen mit dem Ziel vermachte, ein Museum zur lebendigen Tradierung der Volksmärchen und Sagen zu gründen.

Wichtigste Veranstaltungsorte sind das Theater im Park mit Konzert- und Theateraufführungen sowie das **GOP-Varieté** im **Kaiserpalais**.

Die **Aqua Magica** wird als „Park der magischen Wasser" bezeichnet. Dieser etwa 20

Nächtliches beleuchtete Springbrunnenanlage vor dem Kaiserpalais

Hektar große Landschaftspark in Bad Oeynhausen entstand zur Landesgartenschau 2000. Im Park gibt es mit dem „Wasserkrater“ eine begehbare unterirdische Brunnenskulptur. Auf dem Aqua-Magica-Gelände findet jeweils am letzten August-Wochenende das mehrtägige Literaturfest „Poetische Quellen“ statt. Und im Kurpark erinnert das Fest „Parklichter“ alljährlich an die Freigabe des Parks durch die britische Besatzungsmacht im Jahre 1954.

Der **Museumshof** ist ein Freilichtmuseum, das von der Innenstadt fußläufig erreichbar ist und mit einigen im Original wiederaufgebauten Gebäuden Leben, Wohnen und Arbeiten in früheren Zeiten anschaulich werden lässt.

Badehaus im Kurpark

PORTA WESTFALICA

Das deutsche Kaiserreich hatte zweifelsohne einen Sinn für Pathos: Das Kaiser-Wilhelm-Denkmal an der Porta Westfalica mit der Bronzestatue des Kaisers unter einem mächtigen Baldachin an der Stelle, wo die Weser aus dem Bergland heraustritt und in die norddeutsche Tiefebene hineinfließt, hat an diesem Standort eine besondere Symbolkraft.

LWL-Besucherzentrum
im Kaiser-Wilhelm-Denkmal:
Di–So 10–18 Uhr

www.portawestfalica.de
www.westliches-weserbergland.de
www.kaiser-wilhelm-denkmal.lwl.org/de/
www.kaiser-wilhelm-porta.de

Das nächtlich beleuchtete Denkmal

Der Weserdurchbruch zwischen Wesergebirge (östlich der Weser) und Wiehengebirge (westlich) ist seit jeher ein wichtiger Verkehrspunkt: Porta Westfalica (Westfälische Pforte). Raum für Straßen und Wege am Fluss entlang war bis zum 19. Jahrhundert allerdings nur auf der westlichen Seite. Erst der Bau der Köln-Mindener Dampfbahn im Jahre 1847 erschloss auch das östliche Ufer verkehrsmäßig. Heute führen auf beiden Seiten vielbefahrene Straßen durch die Pforte. Der bronzene Kaiser Wilhelm thront seit 1896 unter einem mächtigen steinernen Baldachin über der Porta Westfalica. Die von dem Berliner Architekten Bruno Schmitz entworfene Gesamtanlage mit der Skulptur von Caspar Ritter von Zumbusch ist steinernes Monument des nationalistischen Geistes der Gründerzeit. Dennoch mag man den bronzenen Kaiser um den faszinierenden Ausblick über die norddeutsche Tiefebene und – zur anderen Seite – auf das Weserbergland beneiden. In der umgestalteten Ringterrasse entstanden ein Restaurant und das **Besucherzentrum** unter der ebenen Fläche. Hier wird die Geschichte des Denkmals in einer multi-medialen Ausstellung reflektiert.

Das Kaiser-Wilhelm-Denkmal ist auch ein hervorragender Ausgangspunkt für Wanderungen auf dem Kamm des Wiehengebirges. Mit der Gaststätte „Zum Wilden Schmied“ gibt es in einiger Entfernung ein Ausflugslokal mit deftiger Küche.

Ebenso lohnenwert ist ein Trip auf der anderen Seite: Von der Besucherplattform des Fernsehturmes hat man einen noch besseren Ausblick als vom Denkmal, und von der nicht weit entfernten Porta-Kanzel kann man den Kaiser von Gegenüber in Augenschein nehmen.

Blick von der Porta-Kanzel am Wesergebirge auf das Wiehengebirge

MINDEN

Für viele Besucher des Weserberglandes bietet Minden den Einstieg: Das Wasserstraßenkreuz von Weser und Mittellandkanal ist ein spektakuläres Technikdenkmal, die Innenstadt ist sehenswert, und ganz in der Nähe liegt der Weserdurchbruch bei Porta Westfalica mit dem Kaiser-Wilhelm-Denkmal.

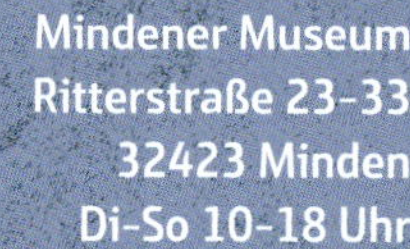

Mindener Museum
Ritterstraße 23-33
32423 Minden
Di-So 10-18 Uhr

Domschatzkammer
Di-So 10-12.30 Uhr und 14 -16.30 Uhr.

www.minden.de
www.lwl-preussenmuseum.de

Am Marktplatz von Minden

Der Weserdurchbruch bei Porta Westfalica bildet zwar die Grenze der Landschaftsräume des Weserberglandes, aber die mehr als 80.000 Einwohner zählende Stadt am Rande der Norddeutschen Tiefebene kann hier nicht unerwähnt bleiben: Das **Wasserstraßenkreuz**, an dem der Mittellandkanal auf einer Brücke die Weser überquert, der mächtige Mindener **Dom**, bedeutende Bauten der Weserrenaissance in der historischen Altstadt sowie eine abwechslungsreiche Museumslandschaft machen Minden zu einem lohnenden Ausflugsziel.

Wie so viele andere Weserstädte wurde

Der Mindener Dom

Museumszeile in der Mindener Innenstadt

Weinberg an der Marienkirche

Minden an einer Furt gegründet. Hinter dem Weserdurchbruch an der Porta Westfalica war es die einzige im Mittelweserbereich bis Bremen. Da neben der Weser auch eine Handelsstraße durch die Porta führte, kreuzten sich bei Minden zwei bedeutende Handelswege. Karl der Große erwählte Minden um 800 zum Sitz eines Bistums. Neben der kirchlichen Macht, die durch den mächtigen Dom repräsentiert wird, war das Bürgertum der bedeutsamen Handelsstadt schon früh bestrebt, seine eigenen Machtansprüche darzustellen. Davon zeugt unter anderem das Rathaus aus der Zeit um 1260 als eines der ältesten erhaltenen Rathäuser Deutschlands. Nach dem Dreißigjährigen Krieg wird Minden — ähnlich wie Hameln — zur Festung ausgebaut. Erst 1873 werden die Festungsanlagen endgültig abgebaut, sodass sich die Stadt vergleichsweise spät

Am Wasserstraßenkreuz überquert der Mittellandkanal die Weser.

Die Schiffmühle am Weserufer in Minden

ausdehnen kann. Unter anderem diese historischen Zusammenhänge Mindens werden im **LWL-Preußenmuseum** vermittelt, das sich aber darüber hinaus als bundesweites Kompetenzzentrum zum Thema Preußen etablieren will.

Während sich das Preußenmuseum etwas südlich außerhalb der Altstadt befindet, liegt das **Mindener Museum** zentral in der „Oberen Altstadt“ Mindens. Sechs Häuser im Stil der Weserrenaissance bilden nicht nur den baulichen Rahmen für dieses traditionsreiche Museum, die Museumszeile ist auch ein beliebtes Fotomotiv. Das Museum ist also selbst schon ein begehbares Exponat der Mindener Stadtgeschichte.

Hängebrücke über die Weser für Radfahrer und Fußgänger

AUSSICHTEN
IM WESERBERGLAND

Die meisten Türme und Aussichtspunkte sind nur zu Fuß erreichbar, deshalb geben wir hier die entsprechenden Parkplätze sowie die ungefähren GPS-Daten der Türme an.

1 **Tilly-Schanze**
Parkplatz Tillyschanzenweg 4 in Neumünden
51.417007, 9.64350708

2 **Hugenottenturm**
Bad Karlshafen:
Parkplatz Hafenplatz,
Parkplatz Brückenstraße
51.6418695, 9.4464147

3 **Weser Skywalk**
Parkplatz am Weser-Skywalk bei Bad Karlshafen
51.6499656, 9.4333587

4 **Harzblick Vahle**
Parkplatz L548, 37170 Uslar oder Parkplatz Malliehagental in Vahle (Uslar)
51.695231, 9.6674575

5 **Sollingturm**
Parkplatz am Knobben, in Uslar-Sohlingen
51.6847939, 9.6075066

6 **Klimaturm**
Parkplatz Am Erlebniswald, In der Loh in Schönhagen (Uslar)
51.7088111, 9.5560880

7 **Aussichtsturm Hochsolling**
Parkplatz L549 in Neuhaus (Holzminden)
51.7555112, 9.543694

8 **Rodeneckturm**
Parkplatz von Bodelschwingh-Straße oder Parkplatz Friesenweg in Höxter
51.7617879, 9.3721031

9 **Herzog Wilhelm Denkmal**
Parkplatz L 580, Rühle
51.9298134, 9.5144356

10 **Bodoturm**
Bodenwerder
51.94669723510742, 9.532230377197266

11 **Ebersnackenturm**
Parkplatz in Holenberg oder in Heinrichshagenkurze Heinrichshagen / Holenberg
51.9292566, 9.5657996

12 **Försterbergturm**
Parkplatz Kükenschnipp, Stadtoldendorf
51.8853207, 9.6275617

13 **Kellbergturm**
Parkplatz Kükenschnipp, Stadtoldendorf

14 **Königszinne**
Parkplatz Brückerstraße oder an der Linser Straße parken
Bodenwerder
51.9778524, 9.5261562

15 **Bismarckturm Bodenwerder**
Weser Brücke, B240
Bodenwerder
51.98543, 9.52228736

16 **Wilhelm Raabe Turm**
Wanderparkplatz Roter Fuchs, Grünenplan
51.9532158, 9.6891438

17 **Klütturm** 360°
Der Klütturm bei Hameln ist mit dem Auto erreichbar, zu Fuß ab Finkenborner Weg, Hameln
52.0950245, 9.3382927

18 **Ithturm**
Parkplatz L425, Lauenstein
52.0858509, 9.5269007

19 **Süntelturm** 360°
Parkplatz Bergschmiede, Bad Münder
52.1713707, 9.3836325

20 **Klippenturm** 360°
Klippenturm Ringel, Rinteln
52.2137836, 9.093581

21 **Jahrtausendblick**
Parkplatz an der Arensburger Straße, Rinteln (Steinbergen)
52.18604, 9.07917

22 **Kaiser-Wilhelm-Denkmal**
Parkplatz Kaiser-Wilhelm-Dednkmal, Kaiserstraße 15, Porta Westfalica
52.2097631, 8.9070851

23 **Moltketurm**
Parkplatz Kaiser-Wilhelm-Denkmal, Kaiserstraße 15, Porta Westfalica
52.2460907, 8.890428

24 **Fernsehturm Langer Jakob** 360°
Parkplatz am Fernsehturm, Königsweg, Porta Westfalica
52.2414862, 8.9364253

25 **Idaturm**
im Harrl, Bückeburg
52.247210,9.07973448

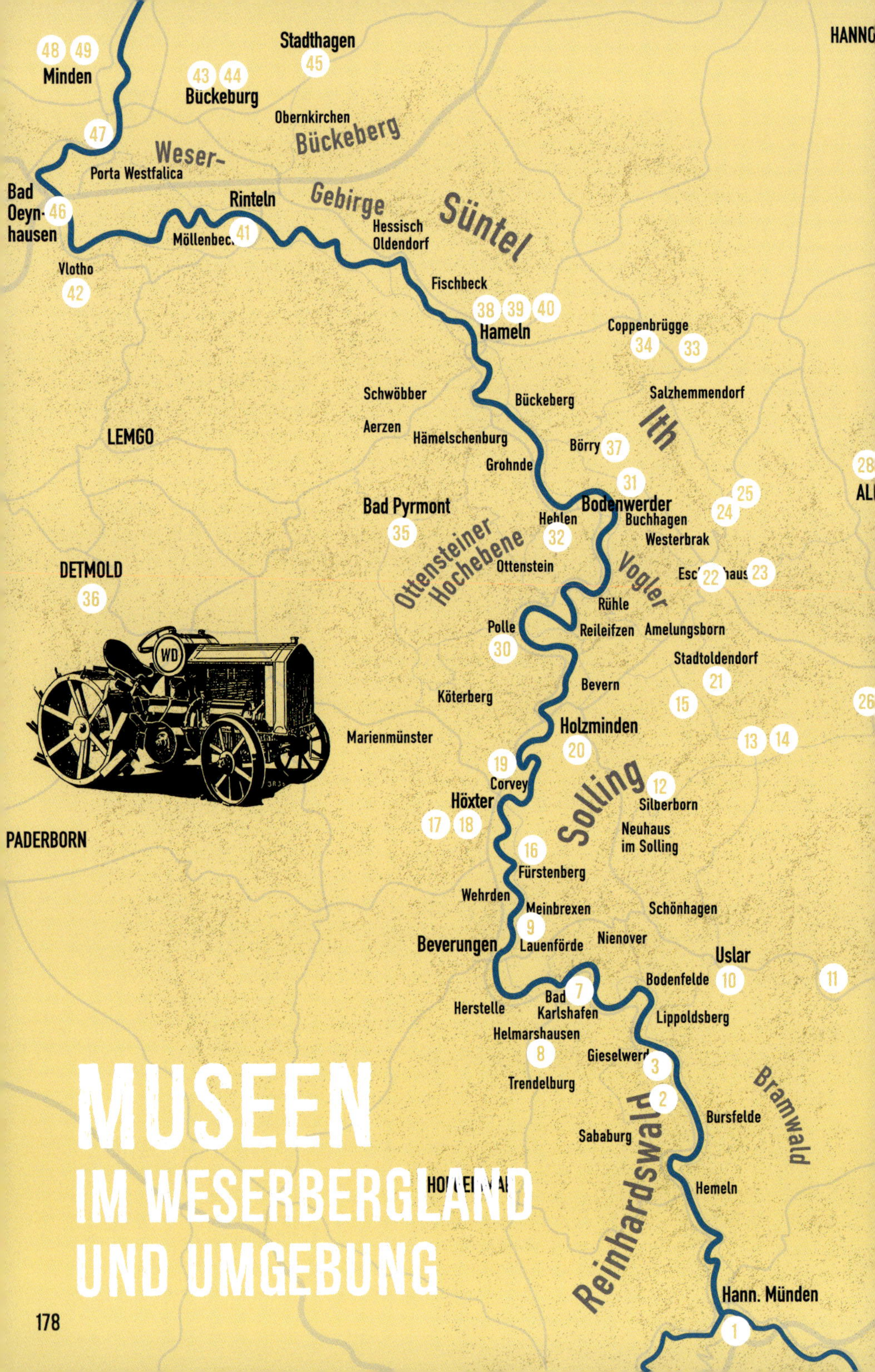

MUSEEN
IM WESERBERGLAND UND UMGEBUNG

Diese Auflistung von Museen im Weserbergland umfasst auch einige Orte, die im Reiseführer sonst nicht behandelt werden, weil sie etwas weiter entfernt liegen. Manchmal lohnt es sich, über den Tellerrand zu schauen und einen Umweg zu machen..

1 **Städtisches Museum Hann. Münden**
Welfenschloss
Schloßplatz 5 in
Hann. Münden
Tel.: 055 41 / 75 32 02
www.hann.muenden.de/museum
Mi-So 13-16 Uhr (Dez-April)
Mi-So 11-16 Uhr (Mai-Okt)

2 **Waldensermuseum**
Wesertal-Gottstreu
Tel.: 055 74 / 405
www.waldenser-oberweser.de
1. und 2. Sonntag im Monat
15-17 Uhr (Mai-Sept.)

3 **Weberei-Museum Kircher**
Steinweg 2 in Gieselwerder
Tel.: 055 72 / 44 48
www.weberei-museum-kircher.de
So und Feiertage 14-17 Uhr

3 **Der Mühlenplatz**
Mühlenplatz in Gieselwerder
www.muehlenplatz-gieselwerder.de
Tel.: 055 72 / 15 10
täglich 10-18 Uhr
(April-September)

3 **Schiffermuseum**
In der Klappe 11
in Gieselwerder
Tel.: 055 72 / 500 5 72
www.schiffermuseum.de
So 14-17 Uhr
(Mai-September)

4 **Dorfmuseum Oedelsheim**
Göttinger Str. 8 in
Wesertal-Oedelsheim
Tel.: 055 74 / 307
www.verkehrsverein-oedelsheim.de
Sonn- & Feiertage 15-17 Uhr
(Mai-Oktober)

5 **Heimatstube Wesertal-Arenborn**
Am Graben 3
in Wesertal-Arenborn
Tel.: 055 74 / 12 41
www.oberweser.gemeinde-wesertal.de
Sonntags 15-17 Uhr

6 **Schäferhausmuseum**
Schäferhof 2 in
Wesertal-Lippoldsberg
Tel.: 055 72 / 94 85 82

7 **Deutsches Hugenotten-Museum**
Hafenplatz 9a in Bad Karlsh.
Tel.: 056 72 / 14 10
www.hugenottenmuseum.de
April-Okt.: Di-Fr 9-12 Uhr
Sa, So, + Feiert. 11-18 Uhr
Nov-März: nach Anmeldung

8 **Museum Helmarshausen**
Poststraße 47 in
Bad Karlshafen
Tel.: 056 72 / 789
www.heimatverein-helmarshausen.de
Mi 10-12, Sa, So 15-17 Uhr
(April-Oktober)

9 **Kragstuhlmuseum Lauenförde**
Sohnreystr. 8 in Lauenförde
www.tecta.de/kragstuhlmuseum/
Fr 10-12 & 14-17 Uhr,
Sa 10-14 Uhr

10 **Sollingmuseum Uslar**
Mühlentor 4 in Uslar
Tel.: 055 71 / 30 72 20
www.uslar.de
Di-So 15-17, Fr 10-12 Uhr

11 **Kali-Bergbaumuseum**
Wahlbergstraße 1
in Uslar-Volpriehausen
Tel.: 055 73 / 541
www.volpriehausen.com
Sa 15-17 Uhr (April-Okt.)

12 **Glas- und Heimatmuseum Silberborn**
Angerstraße 1 in Silberborn
Tel.: 055 36 / 727
www.solling-vogler-region.de
Sa und So 14-17 Uhr

13 **Museum Grafschaft Dassel**
Teichplatz 1 in Dassel
Tel.: 055 64 / 456
www.stadt-dassel.de
Sonntags 15-18 Uhr

14 **Blankschmiede Neimke**
Teichplatz 2 in Dassel
Tel.: 055 64 / 27 21
www.stadt-dassel.de
So 15-18 Uhr (April-Okt)

15 **Museum im Backhaus**
Am Teich 2 in Heinade
Tel.: 055 64 / 15 59
www.hgv-hhm.de
So 14-17 Uhr
(April-Oktober)

16 Museum Schloss Fürstenberg
Meinbrexener Str. 2 in Fürstenberg
www.fuerstenberg-schloss.de
Tel.: 05271 / 96677810
Sa und So 10-17 Uhr (Januar)
Di bis So 10-17 Uhr

17 Museum Forum Jacob Pins
Westerbachstraße 35 in Höxter
Tel.: 05271 / 6947441
www.jacob-pins.de
täglich 10-17 Uhr (April-November)

18 Museum im Hütteschen Haus
Nicolaistr. 10 in Höxter
Tel.: 05271 / 9516640
www.höxter-museum.de
Mi - So 14-17 Uhr

19 UNESCO Welterbe Corvey
Schloss Corvey, Höxter
Tel.: 05271 / 68168
www.corvey.de
täglich 10-18 Uhr (Mai-Okt)

20 Museum Torhaus am Katzensprung
Oberbachstraße 45 in Holzminden
Tel.: 05531 / 992960
www.stadtmarketing-holzminden.de
Anmeldung erforderlich

21 Freilichtmuseum Mühlenanger
Mühlenanger in Stadtoldendorf
Tel.: 05532 / 4255
www.eschershausen-stadtoldendorf.de
Das Gelände ist öffentlich zugänglich, geöffnet auf Anfrage

22 Museum Raabe-Haus
Raabestraße 5 in Eschershausen
Tel.: 05534 / 3969
www.muenchhausenland.de

23 Motorrad-Museum Wickensen
Wickensen 1 in Eschershausen
www.gutshof-wickensen.de
Sa und So + Feiertage 11-18 Uhr (April-Oktober)

24 Erich-Mäder-Glasmuseum
Am Park 2 in Grünenplan
Tel.: 05187 / 941530
www.gemeinde.delligsen.de
So 14-17 Uhr (März-Okt)

25 Glasmacherhaus
Kirchtalstraße 13 in Grünenplan
Tel.: 05187 / 941530
www.gemeinde.delligsen.de
jeden 1. und 3. Sonntag 14-16 Uhr (April-Okt)

26 Stadtmuseum Einbeck
Auf dem Steinwege 11-13 in Einbeck
Tel.: 05561 / 971710
www.stadtmuseum-einbeck.de
Di-So 11-16 Uhr

27 PS.SPEICHER Einbeck
Tiedexer Tor 3 in Einbeck
Tel.: 05561 / 923200
www.ps-speicher.de
Di-So 10-18 Uhr

28 Stadt- und Tiermuseum
Am Kirchhof 4/5 in Alfeld
Tel.: 05181 / 829738
www.alfeld.de
Di-Fr 10-12 & 15-17 Uhr
Sa & So 10-12 Uhr,
Mai-Sept. So auch 15-17 Uhr

29 UNESCO Welterbe Fagus Werk
Hannoversche Str. 58 in Alfeld
Tel.: 05181/ 790
www.fagus.werk.com
tgl. 10-17 Uhr (April-Okt.)
tgl. 10-16 Uhr (Nov. - März)

30 Museum Burg Polle
Amtsstraße 4 in Polle
www.polle-weser.de
Tel. 05533 / 40559
täglich 10-19 Uhr (April-September)

31 Münchhausen-Museum
Münchhausenplatz 1 in Bodenwerder
Tel.: 05533 / 405
www.muenchhausen-museum-bodenwerder.de
täglich 10-17 Uhr (Mai-Okt)

32 Heimatstube Hehlen
An der Fähre 5 in Hehlen
Tel.: 05274 / 356
www.hehlen.de
1. Sonntag im Monat 14-17 Uhr (April-Oktober)

33 Besucherbergwerk Hüttenstollen
Steigerbrink 25 in Osterwald
Tel.: 05153/ 964846
www.der-huettenstollen.de
So 11-17 Uhr (April-Okt)

34 Museum in der Burg
Schloßstraße 1 in Coppenbrügge
Tel.: 05156 / 8623
www.museum-coppenbrügge.de
Do-So 11-17 Uhr

35 Museum im Schloss Bad Pyrmont
Schloßstraße 13
in Bad Pyrmont
Tel.: 05281 / 606771
www.museumpyrmont.de
täglich 10-17 Uhr
(außer montags)

36 Freilichtmusem Detmold
Krummes Haus in Detmold
Tel.: 05231 / 706-0
www.lwl-freilichtmuseum-detmold.de
täglich 9-18 Uhr
(außer montags)

37 Museum für Landtechnik und Landarbeit
Frenker Straße 22 in Börry
(Emmerthal)
Tel.: 05155 / 692
www.museum-landtechnik.de
Samstags 14-17 Uhr
Feiertage 10-17 Uhr

38 Druckereimuseum Hameln
Hefehof 9 in Hameln
Tel.: 05151 / 27333
www.die-bewegliche-letter.de
Fr 15-18 Uhr, Sa 11-16 Uhr

39 Automobilmuseum Hameln
Hefehof 2 in Hameln
Tel.: 05151 / 42033
www.hamelner-automuseum.de
Fr 15-18 Uhr, Sa 11-16 Uhr

40 Museum Hameln
Osterstraße 8-9 in Hameln
Tel.: 05151 / 202 1215
www.museumhameln.de
täglich 11-18 Uhr
(außer montags)

41 Deutsches Stuhlmuseum
Fritz-Hahne-Straße 6
in Eimbeckhausen
(Bad Münder)
Tel.: 05042 / 527084
www.stuhlmuseum.de
1.+ 3. Sonntag im Monat
14-18 Uhr

41 Die Eulenburg
Museum Rinteln
Klosterstraße 21 in Rinteln
Tel.: 05751 / 41197
www.eulenburg-museum.de
täglich 14-17 Uhr (außer mo)

42 Kulturfabrik/Heimatmuseum Vlotho
Lange Str. 53 in Vlotho
Tel.: 05733 / 5859
www.kulturfabrik-vlotho.de
1. Sonntag im Monat
11-17 Uhr (März-Oktober)

43 Hubschrauber Museum Bückeburg
Sablé-Platz 6 in Bückeburg
Tel.: 05722 / 5533
www.hubschraubermuseum.de
täglich 10-17 Uhr

44 Museum Bückeburg Schaumburg-Lippische Landesgeschichte
Lange Straße 22 in Bückeburg
Tel.: 05722 / 4868
www.museum-bueckeburg.de
Mi bis So 13-17 Uhr

45 Museum Amtspforte Stadthagen
Obernstraße 32
in Stadthagen
Tel.: 05721 / 924900
www.museum-stadthagen.de
täglich 15-17 Uhr
(außer montags)

46 Deutsches Märchen- und Sagenmuseum
Am Kurpark 3
in Bad Oeyenhausen
Tel.: 05731 / 143410
www.badoeyenhausen.de
Mi-So 10-12 und 14-17 Uhr

47 Besucherzentrum Kaiser Wilhelm Denkmal
Kaiserstraße 15
in Porta Westfalica
Tel.: 0571 / 837280
www.minden-erleben.de
täglich 10-18 Uhr (außer mo)

48 Stadtmuseum Minden
Ritterstraße 23-33 in Minden
Tel.: 0571 / 9724020
www.mindenermuseum.de
täglich 12-18 Uhr (außer mo)

49 LWL-Preußen Museum Minden
Simoneplatz 12 in Minden
Tel.: 0571 / 837280
www.lwl-preussenmuseum.de

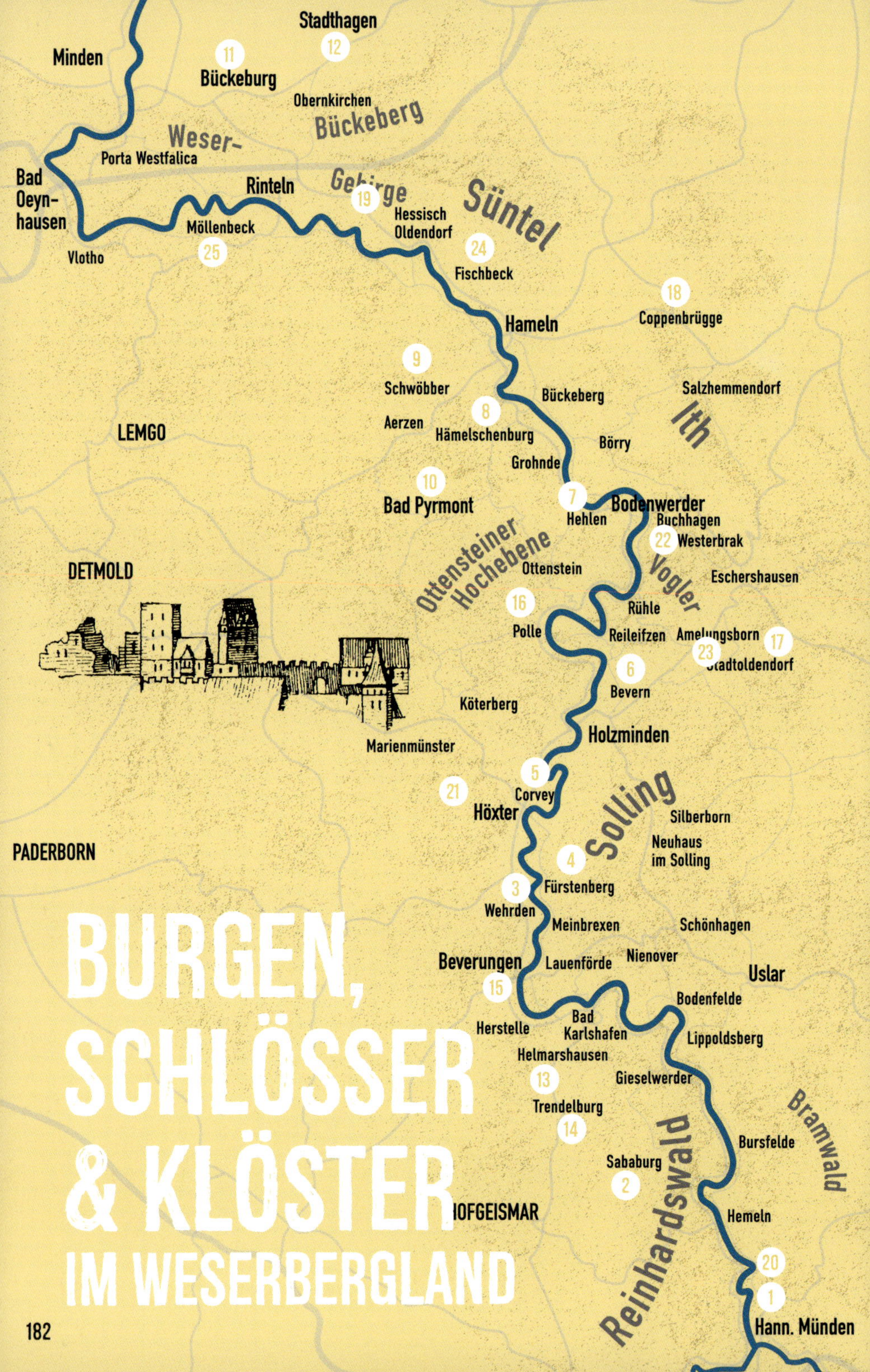

BURGEN, SCHLÖSSER & KLÖSTER IM WESERBERGLAND

SCHLÖSSER

1 **Welfenschloss Hann. Münden**
Museum, Schloßplatz 10 in Hann. Münden
www.hann-muenden.de

2 **Schloss Sababurg**
Sababurg 12 in Hofgeismar
www.erlebnis-sababurg.de

3 **Schloss Wehrden**
Am Gut 1 in Wehrden
www.schloss-wehrden.de

4 **Schloss Fürstenberg**
mit Porzellan-Museum
Meinbrexener Straße 2 in Fürstenberg
www.fuerstenberg-schloss.de

5 **Schloss Corvey mit UNESCO Welterbe**
Barockschloss mit Museum
ehem. Klosterkirche
Schloß Corvey in Höxter
www.corvey.de

6 **Weserrenaissance Schloss Bevern**
Kulturzentrum in Bevern
Tel.: 05531 / 707109
www.schloss-bevern.de

7 **Schloss Hehlen**
Schloßstraße in Hehlen
www.die-kaffeewirtschaft.de

8 **Schloss Hämelschenburg**
Schlossführungen
Schlossstraße 1, Emmerthal
www.schloss-haemelschenburg.de

9 **Schloss Schwöbber**
Schwöbber bei Aerzen
www.schlosshotel-muenchhausen.com

10 **Schloss Pyrmont**
Museum im Schloss
Schloßstraße 13 in Bad Pyrmont
www.museum-pyrmont.de

11 **Schloss Bückeburg**
Erlebniswelt
Am Schlossplatz in Bückeburg
www.schloss-bueckeburg.de

12 **Schloss Stadthagen**
Obernstraße in Stadthagen
www.stadthagen.de

BURGEN

13 **Krukenburg**
täglich geöffnet
Am Krukenberg 5a in Helmarshausen
www.bad-karlshafen-tourismus.de

14 **Trendelburg**
Turmbesteigung möglich
Steinweg 1 in Trendelburg
www.burg-hotel-trendelburg.com

15 **Burg Beverungen**
An der Burg 3 in Beverungen
www.burg-beverungen.de

16 **Burgruine Polle**
Heinser Straße in Polle
Mai bis Oktober
www.polle-weser.de

17 **Homburg-Ruine**
bei Stadtoldendorf
51.90441, 9.64505

18 **Burg Coppenbrügge**
Museum, Schloßstraße 1 in Coppenbrügge
www.museum-coppenbruegge.de

19 **Burg Schaumburg**
Burgstraße in Schaumburg
www.westliches-weserbergland.de

KLÖSTER

20 **Kloster Bursfelde**
Klosterhof 5, Hann. Münden
www.kloster-bursfelde.de

21 **Koptisch-Orthodoxes Kloster Brenkhausen**
www.koptisches-kloster-brenkhausen.com

22 **Deutsch-Orthodoxes Dreifaltigkeitskloster**
Buchhagen bei Bodenwerder
www.orthodox.de

23 **Kloster Amelungsborn**
Amelungsborn/Negenborn
www.kloster-amelungsborn.de

24 **Stift Fischbeck**
Fischbeck, Hess. Oldendorf
www.stift-fischbeck.de

25 **Kloster Möllenbeck**
Am Kloster 1
Möllenbeck (Rinteln)
moellenbeck.reformiert.de

ERLEBNISSE
IM WESERBERGLAND
Stadthagen
Minden
Bückeburg
Obernkirchen
Weser-
Bückeberg
Porta Westfalica
Bad
Oeyn-
hausen
Rinteln
18
19
Gebirge
12
Süntel
Möllenbeck
Hessisch
Oldendorf
Vlotho
Fischbeck
11
Hameln
Coppenbrügge
15
16
Schwöbber
Bückeberg
Salzhemmendorf
LEMGO
Aerzen
Hämelschenburg
Ith
Börry
Grohnde
Bad Pyrmont
Bodenwerder
5
Hehlen
Buchhagen
13
Westerbrak
Ottensteiner
Hochebene
Ottenstein
Vogler
DETMOLD
Eschershausen
Rühle
Polle
Reileifzen
Amelungsborn
Stadtoldendorf
10
Bevern
Marienmünster
Holzminden
8
Corvey
Solling
6
7
Höxter
Silberborn
14
Neuhaus
im Solling
PADERBORN
9
Fürstenberg
4
3
17
Meinbrexen
Schönhagen
2
Beverungen
Lauenförde
Nienover
Uslar
Bodenfelde
Herstelle
Bad
Karlshafen
Lippoldsberg
Helmarshausen
Gieselwerder
Trendelburg
Bramwald
Reinhardswald
Bursfelde
Sababurg
1
Hemeln
Hann. Münden

NATURERLEBNIS

1 **Tierpark Sababurg**
Wildpark an der Sababurg
Sababurg 1 in Hofgeismar
www.tierpark-sababurg.de

2 **Schmetterlingspark Uslar**
Tropenparadies mit vielen bunten Schmetterlingen
Zur Schwarzen Erde 7, Uslar
www.schmetterlingspark.org

3 **ErlebnisWald Solling**
In der Loh, Schönhagen
www.erlebniswald.de

4 **Wildpark Neuhaus**
Heimische Wildtiere auf 50 Hektar
www.landesforsten.de

5 **Tierpark Bad Pyrmont**
mit Streichelzoo
www.tierpark-badpyrmont.de

AKTIV

6 **TreeRock Abenteuerpark Hochsolling**
Kletterpark/Abenteuerpark
www.treerock.de

7 **Wildguide**
Erlebnistouren im Solling
www.wildguide.de

8 **Bergwerk Escape Room**
„Europas längster Escape-Room"
www.bergwerk-adventure.de

9 **Kletterzentrum Brakel**
Indoor-Kletterhalle
www.kletterzentrum-owl.de

10 **Freizeitpark Mammut**
Offroad-Freizeitpark
www.fpmammut.de

11 **Kletterwald Hameln**
Finkenborn bei Hameln
www.kletterwald-hameln.de

12 **natour.NAH-zentrum Schillat-Höhle**
Tropfsteinhöhle
www.schillathoehle.de

SPIEL & SPASS

13 **Sommerrodelbahn**
Rodelpark Bodenwerder
www.rodelpark.de

14 **Bolzano Höxter**
Erlebniscenter mit Bowling, Schwarzlicht-Minigolf etc.
Zur Lüre 47a in Höxter
www.bolzano-hoexter.de

15 **Freizeitpark Rastiland**
Erlebnispark für die ganze Familie
Quanthofer Str. 9, in Salzhemmendorf
www.rasti-land.de

16 **Kids Dino World**
Indoor-Spiel am Rastiland
www.kids-dinoworld.de

17 **Beverunger Eisbahn**
Schlittschuh-Halle, Nov.-März
www.beverunger-eisbahn.de

AUF SCHIENEN

18 **Museums-Eisenbahn Rinteln**
„Reisen wie vor 100 Jahren"
www.dampfeisenbahn-weserbergland.de

19 **Draisinenfahrten**
Fahrraddraisinen, Rinteln
www.draisinen.de

BADEN & BOOTSTOUREN

BOOTSTOUREN DAMPFER & KANU

1 **Flotte Weser**
Dampferfahrten
Minden · Rinteln · **Hameln** · Ohrberg · Emmerthal · Grohnder Fährhaus · **Bodenwerder** · Rühle · Polle · Holzminden · Corvey · **Höxter** · Fürstenberg · Wehrden · Beverungen · Herstelle · **Bad Karlshafen**
www.flotte-weser.de

2 **Kanu Schumacher Hann. Münden**
Kanutouren zwischen Hann. Münden und Wehrden
www.kanu-schumacher.de

3 **Kanu Weser Hofgut Stammen/ Hofgut**
Kanutouren zwischen Hann. Münden und Höxter
www.hofgut.de

4 **Krome Kanu**
Kanu, Kajak, Schlauchboot zwischen Höxter und Bodenwerder
www.krome-kanu.de

5 **S&K Bootsverleih**
Schlauchboot zwischen Petershagen und Bodenwerder
www.sk-bootsverleih.com

6 **Growi Kanu**
Kanu, Schlauchboot, Stand Up Paddling, Großenwieden
www.growi-kanu.de

7 **Kanuverleih Hameln**
Kanutouren zwischen Hameln und Rinteln
www.kanu-hameln.de

8 **Kanuspaß Weser**
Kanu, Schlauchboot zwischen Höxter & Hameln, Grohnde
www.kanuspass-weser.de

9 **Weser Erlebnis Kanu Touristik**
Kanu, Schlauchboot, Stand Up Paddling zwischen Hann. Münden und Rinteln
www.weser-erlebnis.de

10 **Sportboot Verleih**
Sportboote mit 15 PS oder 30 PS
Stand Up Paddling, Hameln
www.sportbootverleih-hameln.de

11 **Bootsverleih Humboldtsee**
Tretboot, Kajak
www.humboldtsee-seeterrassen.de

12 **Tretbootverleih Godelheim**
Tretbootfahren
www.freizeitgelaende.de

13 **MS Weserstein**
Rundfahrten und Sonderfahrten auf Fulda und Weser mit Fahrgastschiff
www.weserstein-touristik.de

BADESEEN

A **Axelsee Würgassen**
Freizeitsee
Axelsee 1 in Beverungen
www.axel-see.de

B **Freizeitanlage Höxter-Godelheim**
Badessee mit Sandstrand und Freizeitangeboten
Godelheimer Straße, Höxter
www.hoexter-tourismus.de

C **Badesee Schönhagen**
Naturschwimmbad
In der Loh, Schönhagen

D **Badesee Lauenberg**
Naturschwimmbad
Sollingstraße 83 in Dassel

E **Bruchsee**
Badesee
Bruchsee 1 in Duingen
www.wildundwurzel.de

F **Humboldtsee**
Badesee
Humboldtsee 1 in Wallensen
www.campingpark-humboldtsee.de

G **Doktorsee Rinteln**
Kanu, SUP, Tretboot, Minigolf, Fahrradverleih, Spielplätze, Camping, Restaurant, Sauna
Am Doktorsee 8 in Rinteln
www.doktorsee.de

H **Großer Weserbogen**
Badessee mit Sandstrand und Freizeitangeboten
Zum Südlichen See 1 in Porta Westfalica
www.grosserweserbogen.de

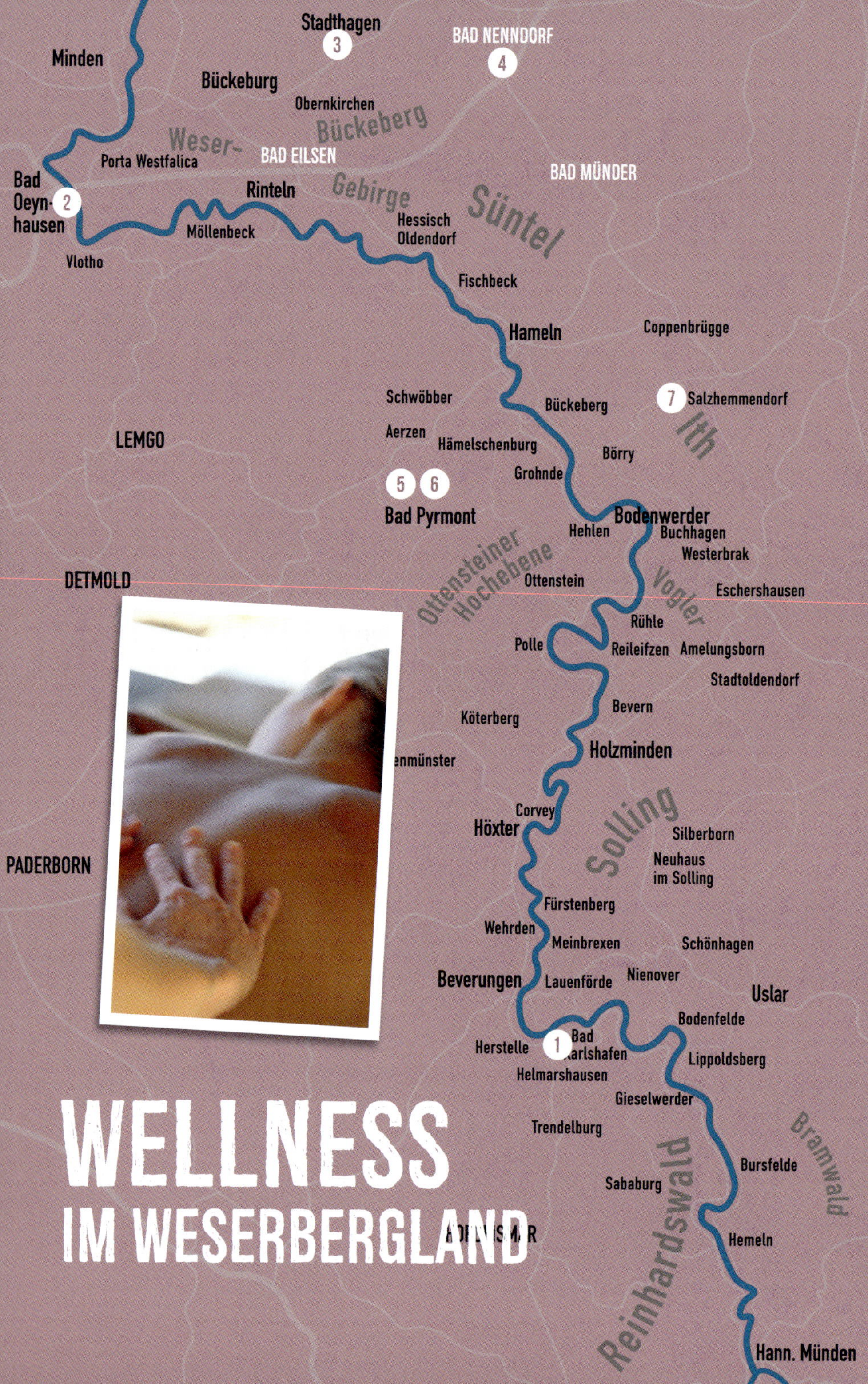

Minden
Stadthagen
3
BAD NENNDORF
4
Bückeburg
Obernkirchen
Bückeberg
Weser-
Gebirge
Porta Westfalica
BAD EILSEN
BAD MÜNDER
Bad
Oeyn-
hausen
2
Rinteln
Möllenbeck
Vlotho
Hessisch
Oldendorf
Süntel
Fischbeck
Hameln
Coppenbrügge
Schwöbber
Bückeberg
7
Salzhemmendorf
Ith
LEMGO
Aerzen
Hämelschenburg
Börry
Grohnde
5
6
Bad Pyrmont
Bodenwerder
Hehlen
Buchhagen
Westerbrak
Ottensteiner
Hochebene
DETMOLD
Ottenstein
Vogler
Eschershausen
Rühle
Polle
Reileifzen
Amelungsborn
Stadtoldendorf
Bevern
Köterberg
Holzminden
Corvey
Höxter
Solling
Silberborn
PADERBORN
Neuhaus
im Solling
Fürstenberg
Wehrden
Meinbrexen
Schönhagen
Beverungen
Lauenförde
Nienover
Uslar
Bodenfelde
1
Bad
Herstelle
Lippoldsberg
Helmarshausen
Gieselwerder
Trendelburg
Bramwald
Bursfelde
Sababurg
Reinhardswald
Hemeln
Hann. Münden
WELLNESS
IM WESERBERGLAND

Schon früh wurden im Weserbergland Solequellen mit heilsamer Wirkung entdeckt – in Bad Pyrmont reicht diese Entdeckung bis zur Zeit um Christi Geburt zurück. Hier stellen wir die öffentlichen Thermen mit Wellnessangeboten vor. Darüber hinaus gibt es auch Wellnesshotels, in denen man Körper und Geist ebenfalls verwöhnen kann.

1 Weser-Therme
Solebad mit Saunalandschaft & Wellnessangeboten
Kurpromenade 1
in Bad Karlshafen
Tel.: 05672 / 92110
www.wesertherme.de
täglich geöffnet

2 Bali Therme
Erlebnisbad mit Therme, Saunalandschaft, Wellness- und Fitnessbereich
Morsbachallee 5
in Bad Oeyenhausen
Tel.: 05731 / 30530
www.balitherme.de
täglich geöffnet

3 Tropicana Stadthagen
Erlebnisbad mit Sauna- und Wellnessbereich
Jahnstraße 2 in Stadthagen
Tel.: 05721 / 97380
www.tropicana-stadthagen.de
täglich geöffnet

4 Landgrafentherme
Thermalsolebad mit Saunalandschaft und Wellnessbereich
Kurhausstraße 2
in Bad Nenndorf
Tel.: 05723 / 702685
www.staatsbadbadnenndorf.de
täglich geöffnet

5 Hufeland Therme
Heil- und Wellnessbad mit umfangreichem Angebot-
Forstweg 17
in Bad Pyrmont
Tel.: 05281 / 151750
www.hufeland-therme.de
täglich geöffnet

6 Pyrmonter Welle Erlebnisbad
Erlebnisbad mit Sauna
Südstraße 13
31812 Bad Pyrmont
Tel.: 0 52 81 / 915-360
www.pyrmonter-welle.de
täglich geöffnet

7 Ith-Sole-Therme
Therme, Sauna, Beauty & Spa
In der Saale Aue 5
in Salzhemmendorf
Tel.: 0 51 53 80 30 50
www.ther.me
täglich geöffnet

ÜBERSICHT DER WICHTIGSTEN INTERNET-ADRESSEN FÜR ERLEBNISSE IM WESERBERGLAND

TOURISMUS:

- WWW.WESERBERGLAND-TOURISMUS.DE
- WWW.WESTLICHES-WESERBERGLAND.DE
- WWW.SCHAUMBURGERLAND-TOURISMUS.DE
- WWW.HAMELN.DE
- WWW.MUENCHHAUSENLAND.DE
- WWW.HOEXTER-TOURISMUS.DE
- WWW.BAD-KARLSHAFEN-TOURISMUS.DE
- WWW.HANN.MUENDEN-ERLEBNISREGION.DE
- WWW.GRIMMHEIMAT.DE

KULTUR:

- WWW.SCHAUMBURGERLANDSCHAFT.DE
- WWW.LANDSCHAFTSVERBAND.ORG
- WWW.LANDSCHAFTSVERBAND-HAMELN-PYRMONT.DE
- WWW.KULTURLAND.ORG
- WWW.MUSEEN-HAMELN-PYRMONT.DE

NATUR

- WWW.GEOPARK-TERRAVITA.DE
- WWW.NABU-RINTELN.DE
- WWW.NATURPARK-WESERBERGLAND.DE
- WWW.NATURPARK-TEUTOBURGERWALD.DE
- WWW.NATURPARK-SOLLING-VOGLER.DE
- WWW.NATURPARK-MUENDEN.DE
- WWW.NATURPARK-REINHARDSWALD.DE

BÜCHER ÜBER DAS WESERBERGLAND

Mitzkat, Jörg
Das Weserbergland
160 S.; 30 x 21 cm;
mehr als 300 Abb.; gb;
978-3-931656-60-8;
17,80 Eur[D]

Mitzkat, Jörg
Das Weserbergland
Die schönsten Bilder
deutsch/englisch
60 S.; 21 x 21 cm; gb;
978-3-931656-89-8
9,90 Eur[D]

Unterwegs im LK Hameln-Pyrmont
112 S.; 21 x 25 cm;
gb; mit 248 Abb.
978-3-95954-080-3;
19,80 Eur[D]

Henze, Wilfried
Corvey und Höxter
deutsch/englisch
72 S.; 21 x 21 cm; gb;
978-3-940751-90-4;
14,80 Eur[D]

Bilderreise durch Schaumburg
deutsch/englisch/
französisch
96 S.; 21 x 21 cm; gb;
978-3-940751-79-9;
14,80 Eur[D]

Jörg Mitzkat:
Stadt Holzminden und Umgebung
Mitten im Weserbergland
978-3-95954-009-4;
14,80 Eur[D]

Widmer, Petra
Gärten im Weserbergland
96 S.; 150 Abb.,
21,5 x 16,5 cm;
Softcover mit Klappen;
978-3-95954-053-7;
19,80 Eur[D]

Schönlau/Bischoff
Weser & Renaissance
104 S.; 21 x 16,8 cm;
Softcover mit Klappen;
978-3-931656-29-4;
19,80 Eur[D]

NOCH MEHR WESERBERGLAND-BÜCHER ...

Kleine Landeskunde Südniedersachsen
272 S., 26 x 20 cm, fester Einband
520 meist farbige Abbildungen
978-3-95954-023-0; 19,80 Eur[D]

Stephan Walter (Hg.)
Ein Pferd hängt im Baum
Der Bückeberg ...
748 S.; ca. 650 Abb., 24 x 17 cm;
978-3-95954-085-8; 39,80 Eur[D]

Birgit Czyppull
Über Land und Stein
80 S.; 28 x 21 cm; 180 Fotos
978-3-95954-072-8, 22,00 [D]

Czyppull /Küntzel
Durch Land und Zeit
Bilder und Texte zum Wandel des Landschaftsbildes seit der Eiszeit
106 S.; 21 x 30 cm; gb; 978-3-931656-62-1; 9,95 Eur[D]

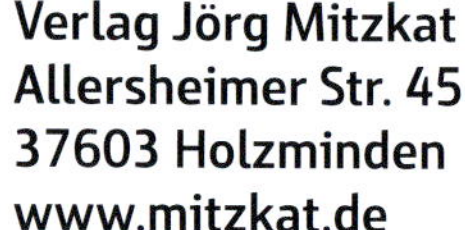

Verlag Jörg Mitzkat
Allersheimer Str. 45
37603 Holzminden
www.mitzkat.de